EL UNIVERSO

BIG BANG, MATERIA OSCURA, ESTRELLAS, GALAXIAS, VIDA

Catalogación en la publicación – Biblioteca Nacional de Colombia

Torres Arzayús, Sergio,
    El universo / Sergio Torres Arzayús. -- Bogotá : Editorial Magisterio,
2012.
    112 p. – (Sabiduría breve)

    ISBN 978-958-20-1067-6

    1. Cosmología 2. Sistema solar 3. Astronomía I.. Título II. Serie

CDD: 523.1 ed. 20   CO-BoBN− a804880

EL UNIVERSO

Big Bang, materia oscura, estrellas, galaxias, vida

SERGIO TORRES ARZAYÚS

El Universo. Big Bang, materia oscura,
estrellas, galaxias, vida

© Sergio Torres Arzayús

© Cooperativa Editorial Magisterio
Diagonal 36 bis # 20-70 (Parkway la Soledad)
PBX: 3383605
Bogotá, D.C., Colombia.
www.magisterio.com.co
info@magisterio.com.co

ISBN: 978-958-20-1067-6

Dirección general
ALFREDO AYARZA BASTIDAS

Director de la colección
RODRIGO ARGÜELLO G.

Editor
PÍO FERNANDO GAONA

Diseño
RICARDO ALONSO / TORRE GRÁFICA

Primera edición, 2012
Reimpresión: 2019

Prólogo

Desde el punto de vista práctico es absolutamente irrelevante si la Tierra da vueltas en torno al Sol o si el Sol le da vueltas a la Tierra. De igual forma Galileo y Copérnico, con sus descubrimientos, elevaron la existencia humana a un nivel más alto. Algún día se dirá lo mismo de nuestros lanzamientos a la Luna. La ciencia se orienta hacia la vida.

Szent-Gyorgyi

En la búsqueda de conocimiento y compartiendo lo aprendido, el ser humano se ha expresado en su más bella forma y en el proceso ha elevado a la humanidad. La exploración espacial ha sido una de las expresiones más nobles de esa eterna búsqueda que nos lleva a preguntar ¿de dónde venimos?, ¿cómo se produjo todo lo que nos rodea?, ¿estamos solos en el Universo? Extendiendo nuestra mirada hacia el espacio profundo, las naves espaciales nos traen datos con los cuales comenzamos a descifrar misterios que se pensaban impenetrables. Con esas observaciones astronómicas se teje un magnífico relato –desde las profundidades del Universo hasta las cercanías de nuestro sistema solar– en el que detrás de cada uno de esos puntitos de luz en la bóveda celeste se esconde un maravilloso mundo.

En la lengua swahili, libertad se dice "uhuru". Esa palabra tan llena de significado fue precisamente el nombre de la primera misión espacial destinada a la observación del espacio en rayos X. Libertad es un término muy apropiado para este proyecto por razones que van desde la imagen de libertad que evoca el hecho de salir al espacio exterior hasta la maravilla de poder observar el cosmos libre de la atmósfera, ese velo que tapa la luz de las estrellas que brillan en la parte del espectro correspondiente al infrarrojo, el ultravioleta, los rayos X y los rayos gama. Los objetos astronómicos emiten ondas en todas las partes del espectro electromagnético transportando la información que nos permite estudiar y entender el cosmos, sin embargo gran parte de esa valiosísima señal es absorbida por la atmósfera y en el proceso los secretos en ella inscritos se hacen difíciles de descifrar. Por esa razón salir al espacio exterior, libre del velo atmosférico, es equiparable a encender la luz en un cuarto oscuro. Así como en el cuarto oscuro salen a relucir una gran cantidad de objetos maravillosos e impensables cuando encendemos la luz, de igual manera las tecnologías modernas en manos de los más diestros astrónomos han encendido las luces del Universo y han revelado un fascinante espectáculo cósmico repleto de vistas hermosas nunca antes accesibles al ser humano.

El satélite Uhuru fue lanzado al espacio el 12 de diciembre de 1970 y desde esa fecha hemos tenido la oportunidad –o mejor, el privilegio– de poder contar con toda una flotilla de satélites y sondas espaciales observando todo rincón del espacio con los ojos más avanzados que pueda crear la tecnología. Con sus observaciones en rayos X Uhuru produjo evidencia sobre la existencia de agujeros negros, esos enigmas cósmicos que aún seguimos investigando. Las sondas robóticas Vikingo, Oportunidad y Espíritu han paseado sobre la superficie de Marte. Naves espaciales como el Viajero han observado el sistema solar con exquisita nitidez revelando mundos insospechados que bien podrían albergar alguna forma de vida. Los astrónomos ya tienen catalogados más de 500 planetas fuera del sistema solar, muchos de los cuales exhiben condiciones propicias para la vida, y el satélite Kepler ya ha acumulado más de 2 500 planetas candidatos en otras estrellas. Por intermedio de poderosos ojos satelitales, como los del telescopio espacial Hubble, hemos observado las regiones en nuestra galaxia y galaxias vecinas donde se forman nuevas estrellas. También hemos visto la intensa radiación gamma producida por el colapso de estrellas lejanas; hemos recibido los rayos X que emanan de portentosos ríos de materia que fluye a gran velocidad hacia su inexorable fin encerrada para siempre dentro de las entrañas de un misterioso agujero negro. El telescopio Hubble ha logrado capturar imágenes de galaxias recién formadas cuando el Universo tenía la tierna edad de mil millones de años. Sondas equipadas con sensores sintonizados para percibir los rumores del Big Bang están descifrando lo que ocurrió durante las primeras fracciones de segundo del Universo. Como producto de la era espacial, hoy contamos con sofisticadísimos mega-observatorios astronómicos como el Observatorio Compton de Rayos Gamma, el Observatorio Chandra de rayos X, el Telescopio Espacial Spitzer sensible al infrarrojo y el Telescopio Espacial Hubble explorando en el óptico. Estos poderosos instrumentos son verdaderos trofeos de la tecnología y monumentos al ingenio que nos recuerdan cómo los esfuerzos pacíficos y enfocados de una sociedad pueden superar las dificultades tecnológicas si se lo propone. La cantidad de conocimiento que se ha generado sobre el Universo durante estos años es estupenda; vivimos en una época extraordinaria porque por primera vez logramos asomarnos hacia el espacio de los astrónomos y así comenzamos a dar respuesta a esas inquietudes fundamentales que han alimentado el anhelo de la humanidad por el conocimiento sobre los astros y el cosmos.

Poco valor tendría todo este conocimiento si no es compartido y asimilado por nuestra sociedad. He aquí el reto del científico: traducir el lenguaje del Universo al lenguaje cotidiano. Tanta maravilla, tanta información, tanto conocimiento, pero infortunadamente lo que le llega al público no es conmensurable a la rapidez con que se genera ese conocimiento. En este libro el autor nos presenta un resumen del estado actual del conocimiento sobre el Universo en breves viñetas de fácil acceso y estilo ameno. Para el público interesado en el Universo y su origen el contenido de estas páginas le pondrá al día rápidamente sobre el tema. Para el estudiante curioso y con el deseo de explorar la frontera de la investigación, estas páginas le servirán de guía y abreboca a un fascinante mundo que tiene mucho por ofrecer a los futuros exploradores. Lo mejor está por verse.

*Adriana Ocampo Uría**
Geóloga planetaria y exploradora
Washington D.C., 9 de marzo del 2012.

* Adriana C. Ocampo Uría. Barranquilla. Es geóloga de la Universidad Estatal de California de Los Ángeles y master en geología de la Universidad Estatal de California en Northridge. Es directora científica en el Departamento de Ciencias Planetarias de la NASA, posición desde la cual lidera varias misiones espaciales como la *New Frontiers*, la misión *Juno* a Júpiter, la misión *New Horizons* a Plutón y el proyecto *Venus Express*. Desde el año 1973 cuando ingresó a la NASA como científica especializada en ciencias planetarias, Adriana Ocampo ha recorrido una trayectoria científica de alto perfil en la cual se destaca su participación en las misiones *Voyager, Galileo, Mars Observer Project*, y su investigación del impacto en Chicxulub que causó la extinción de los dinosaurios hace 65 millones de años. Adriana fue la primera en reconocer que las formaciones de cenotes en la península de Yucatán eran evidencia del impacto de un asteroide y en 1991, trabajando en Belice, descubrió residuos del material expelido durante el impacto.

Capítulo 1

El universo hoy

Los humanos venimos equipados con un cerebro alambrado con la propensión hacia los astros. Esa fascinación por los mundos más allá de lo terrenal se ha manifestado a lo largo de la historia en las cosmogonías elaboradas por culturas indígenas desde los albores de la civilización. La preocupación por hallar una explicación de los astros, el Sol, los objetos astronómicos transitorios, la Tierra y el origen mismo del universo es una realidad transcultural que en los últimos años ha entrado en una fase en la cual el conocimiento es derivado de observaciones astronómicas. Haber reconocido los ciclos de la Luna, de los planetas, del Sol y de las estaciones ayudó a nuestros antepasados a lograr un mejor manejo de los recursos esenciales para la supervivencia. Los pueblos más desarrollados elaboraron sofisticados calendarios, aprendieron a predecir eventos celestes y supieron aplicar esos conocimientos al mejor funcionamiento de la sociedad. Quizá la regularidad en los patrones exhibidos por los objetos astronómicos le infundió a la humanidad la esperanza en reducir la incertidumbre y contingencia características de la naturaleza humana.

Por primera vez la ciencia comienza a dar respuesta a las preguntas fundamentales sobre el universo considerado como un todo, sobre su origen y sobre su constitución. La mayoría de ese conocimiento se ha adquirido en las últimas ocho décadas de la historia. El siglo XX merece ser llamado el siglo del despertar cósmico. Cuando entramos al siglo XX solo conocíamos una galaxia, solo un sistema solar con planetas, desconocíamos cuál era la fuente de energía de las estrellas, no sabíamos qué eran las nebulosas, ignorábamos la existencia de exóticos objetos astronómicos como los agujeros negros, los pulsares o los cuásares y no teníamos ni la más remota idea sobre cómo se originó el universo. En resumen, excepto por algunos avances en el campo de la astronomía planetaria, nuestro estado de conocimiento con respecto al cosmos al comienzo del siglo XX era comparable al estado de conocimiento que tenían nuestros parientes hace 17 000 años cuando dejaron dibujados algunos patrones del cielo nocturno en las paredes de las cuevas de Lascaoux.

Una manera de experimentar el dramático contraste entre lo que sabíamos sobre el universo al comienzo del siglo XX y lo que sabemos hoy, se logra con la lectura de uno de esos libros sobre astronomía para el público que salieron publicados durante la primera década del siglo pasado. Gracias a la internet y a los esfuerzos que algunas organizaciones están haciendo para digitalizar libros antiguos, es posible ganar libre acceso a libros de esa época. Es una lectura de un deleite indescriptible, no solamente por mostrarnos lo que se pensaba en la época, sino también por la gracia y la elegancia a veces recargada como se exponían las ideas. Consideremos el siguiente fragmento del libro *Historia popular de la astronomía* de Agnes M. Clerke [New York, Macmillan and Company, 1887]:

> *Comparando los métodos que ahora tenemos disponibles para las investigaciones astronómicas con aquellos que se usaban hace treinta años, nos golpea el hecho de que estos se han multiplicado. El telescopio ha sido complementado con el espectroscopio y la cámara fotográfica. Ahora bien, esta realidad supone todo un mundo de cambio. Esto significa que la astronomía ha salido del lugar donde ella vivía en unión absorta con las matemáticas, indiferente a todas las cosas en la tierra excepto por las mejoras mecánicas que le ayudan a penetrar aún más en los cielos, y de esta forma ha descendido en el foro del conocimiento humano, convirtiéndose al mismo tiempo en mecenas y en suplicante, alternativamente prometiendo e invocando*

la ayuda de cada una de las ciencias, y posando pacientemente a la espera del avance de todas ellas…

Otro asomo al despertar del siglo XX lo encontramos en el libro *Astronomía para aficionados* del astrónomo francés Nicolas Camille Flammarion [New York, D. Appleton and Company, 1904].

Del resumen precedente sobre las constelaciones hemos visto que existe gran diversidad en el brillo de las estrellas. Mientras que nuestros ojos se deslumbran con el brillo de ciertos orbes, otros, por el contrario, destellan modestamente sobre el azul de la oscuridad nocturna y son difícilmente perceptibles al ojo que sondea los abismos de la inmensidad.

Brotes cuasi poéticos similares aparecen a lo largo del libro, por ejemplo más adelante cuando el autor ofrece con datos sólidos un testimonio sobre la inmensidad del espacio:

Donde nuestra visión se detiene, un ojo más grande y poderoso, que se viene desarrollando a través de los siglos, sumerge su mirada analizadora en medio de los abismos, y le entrega a la insaciable curiosidad de la ciencia los rayos luminosos de los innumerables soles que descubre. Ese ojo es la lente de los instrumentos ópticos… Los cielos se transforman progresivamente al ojo del astrónomo, y en poco tiempo él tiene la capacidad de contar cientos de miles de orbes en la noche… Los telescopios más poderosos, reforzados por fotografía astronómica, pueden traer al alcance de nuestra visión una caravana de más de 120 millones de estrellas… La imaginación más audaz se ve abrumada con estos números, y falla en imaginarse esos millones de soles –globos brillantes y formidables que merodean el espacio, bailando con sus sistemas planetarios a lo largo de su viaje. ¡Qué hornos aquellos! ¡Qué vidas desconocidas! ¡Qué inmensidades tan vastas!

Es casi imposible imaginarnos un libro científico moderno escrito en tan florido lenguaje. Tanto adorno nos sonaría algo cursi, empero es una lástima darnos cuenta que la irremediable premura de la vida electrónica contemporánea no tiene paciencia para presentar la información con algo de gracia y elegancia. Queremos tener la información de frente a nosotros con urgencia y de manera compacta, esperamos las respuestas puntuales en un escueto mensaje de twitter o una línea de texto desplegada en la pantalla del tamaño de una estampilla en nuestro aparato telefónico. El reto en este libro es el de resumir de la manera más breve posible los avances que se han dado en el conocimiento del cosmos desde los años cuando Flammarion se inspiraba con los millones de estrellas reveladas por los poderosos telescopios de hace cien años.

Para completar esta reflexión inicial enfoquemos nuestra atención en contrastar la imagen del universo a la cual tenían acceso los lectores de Flammarion con el panorama de la astronomía, la astrofísica y la cosmología contemporánea. Hace cien años se pensaba que en todo el universo solo existía una galaxia, es decir, la Vía Láctea se extendía a lo largo del universo. La Vía Láctea era un enjambre de estrellas –120 millones en total de acuerdo con la contabilidad de Flammarion– apiñadas en un disco con una extensión de 52 000 años luz y el Sol se encontraba desplazado a una distancia de 2 000 años luz del centro de la galaxia. El año luz, del cual hablaremos más a su debido tiempo, es una manera de expresar distancias en astronomía y es equivalente a la distancia viajada por la luz en un año, es decir, un año luz es igual a 9,5 billones de kilómetros. En ese universo solo se conocían cinco tipos de objetos astronómicos: planetas, estrellas, nebulosas, cometas, cuerpos menores como los asteroides y lunas. Nuestro sistema solar estaba compuesto de nueve planetas con el Sol en el centro. No sabíamos cual era la fuente de energía de las estrellas ni de qué sustancia estaban hechas las estrellas y los planetas. No sabíamos cuál era el origen y la naturaleza de las nebulosas. En esa época se pensaba que el planeta Marte podría albergar extrañas creaturas vivientes que habían establecido una civilización avanzada. El extravagante pronóstico marciano, que mantuvo en vilo a una generación entera, se debe a los reportes del astrónomo Percival Lowell de haber observado canales de regularidad geométrica en la superficie del lejano planeta. Aunque a simple vista en una noche estrellada todos los punticos tienen la misma apariencia, con la ayuda de telescopios los astrónomos distinguieron entre estrellas puntuales y nebulosas. Mientras que a través de la lente del astrónomo las estrellas seguían viéndose como puntos de luz, las nebulosas aparecían como nubes difusas algunas de forma arremolinada, otras como un sencillo copo de algodón flotando en el espacio. Se desconocía la naturaleza de esos objetos. Tampoco se sabía cuál era el tamaño del universo, ni su edad, ni su estructura global. Una de las actividades que ocupaba a los astrónomos era la de mejorar o desarrollar métodos nuevos para medir las distancias a estrellas. No es posible desarrollar un modelo del universo si no se conocen las distancias a las cuales se encuentran los objetos astronómicos. Gracias a la disponibilidad de nuevos y más poderosos instrumentos como el telescopio de cien pulgadas de Monte Wilson puesto en marcha en 1917, la tarea de estimar distancias –y por consiguiente el entendimiento de la estructura global del universo– comenzó a avanzar a pasos agigantados.

Con los grandes viajes de los exploradores, desde Magallanes hasta Roald Amundsen, desde Tierra del Fuego hasta el Polo Norte, los geógrafos lograron elaborar un mapa detallado de nuestro planeta, de manera que para la primera década del siglo XX ya teníamos una idea completa de nuestro planeta la Tierra. El avance de la tecnología permitió desarrollar los telescopios dotados de cámaras y espectroscopios necesarios para analizar la constitución química de las estrellas y ganar acceso a distancias cada vez más profundas. Hoy contamos con mapas del universo que por primera vez han logrado sondear detalladamente las profundidades del universo visible. Así como los mapas de la Tierra a comienzo de siglo no dejaron un solo rincón sin explorar, los astrónomos están completando un mapa del universo donde se revela la estructura del cosmos a gran escala. El proyecto Muestreo Digital Sloan o SDSS (del inglés para *Sloan Digital Sky Survey*), por ejemplo, está midiendo la posición de cientos de miles de galaxias y cuásares y se espera que en pocos años alcance a medir un millón de galaxias. Con lo que va del sondeo ya se puede observar la estructura global del universo hasta profundidades de 3 000 millones de años luz. El universo es un mar de galaxias agrupadas en cúmulos y a su vez los cúmulos forman estructuras mayores que parecen filamentos y burbujas como la textura de una esponja de lavar platos. A pesar de esas estructuras, sin embargo, a escalas del orden de los quinientos millones de años luz el universo es homogéneo; en otras palabras, el número promedio de galaxias por unidad de volumen es el mismo en todos los rincones del universo visible.

Cuando nos referimos a las propiedades globales del universo es importante entender desde el comienzo el concepto de *universo visible*. La idea de que solamente podemos observar una región limitada del universo es consecuencia de dos realidades inexorables: sabemos que el universo es finito, que tuvo comienzo en el tiempo, y segundo, la luz de objetos astronómicos lejanos no nos llega a nosotros instantáneamente, se demora en llegar a nosotros un tiempo que depende de la profundidad donde se encuentran. Quiere decir que existen galaxias que aún no podemos observar porque se encuentran a una distancia tan grande que la luz no ha tenido tiempo suficiente de recorrerla en el tiempo que ha transcurrido desde el origen del universo. La región que podemos observar se llama universo visible, y más allá de ese horizonte infranqueable hay más de lo mismo: más galaxias y cúmulos de galaxias que forman una textura cósmica homogénea que se extiende indefinidamente. Las galaxias participan de un movimiento global de expansión del espacio. Este fenómeno, establecido por Edwing Hubble en 1929, se puede visualizar en una imagen simplificada de dos dimensiones consistente en una tela elástica de extensión ilimitada sobre la cual dibujamos punticos que representan galaxias. Con algún mecanismo hacemos que la tela elástica se vaya estirando por igual en todas las direcciones. Con este experimento mental se puede apreciar cómo la distancia entre cualquier dos punticos crece con el tiempo. De forma análoga la distancia entre las galaxias en el espacio se está aumentando con el tiempo. No solamente sabemos que el universo se expande; observaciones recientes indican que esa expansión se está acelerando. Como el universo está en expansión quiere decir que tuvo un comienzo en el tiempo y que en el pasado era más denso y caliente. La edad del universo se ha podido determinar en 13 700 millones de años.

¿Qué hay en el universo? ¿De qué está hecho el universo? ¿Cómo y cuándo se originó? Tales de Mileto, Anaxímedes, Empédocles, Aristóteles, sabios de la antigüedad, filósofos del Medioevo, científicos de la Ilustración, astrónomos contemporáneos, todos por igual han perseguido intensamente el enigma del universo y de la constitución primordial de las cosas. Con los resultados de observaciones astronómicas y de experimentos en laboratorios de partículas elementales hemos logrado hacer un censo del universo. El resultado es sorprendente, el 72% del universo es energía oscura –un sustrato inmaterial que permea todos los poros del espacio–, 24% es materia oscura y 4% es materia atómica, es decir, los elementos químicos que aparecen en la tabla periódica y de los que estamos hechos nosotros. La energía oscura es el agente responsable de la aceleración de la expansión del universo. La materia oscura no se ha detectado directamente en los laboratorios, pero sí hemos observado los efectos gravitacionales que produce, ya sea formando una lente gravitacional, proveyendo la fuerza centrípeta que mantiene en rotación a las galaxias espirales, o manteniendo agrupadas a las galaxias de un cúmulo. La materia atómica, que es apenas un 4% del universo, es en su mayoría átomos de hidrogeno y de helio, claro y un pequeño porcentaje de los otros elementos químicos.

La materia prima de lo que están hechas las estrellas sigue una receta muy sencilla: 75% hidrógeno y 25% helio. Ese gas primordial se encuentra en su mayoría disperso entre las estrellas y galaxias y apenas un 10% en estrellas. Las estrellas obtienen la energía que las hace brillar de reacciones nucleares donde el hidrógeno y el helio se fusionan para formar elementos más pesados. Las estrellas son reactores nucleares que brillan hasta que consumen todo el material fusionable y al final, las más masivas, se extinguen violentamente sufriendo un colapso gravitacional o, las que tienen menos masa, se apagan lentamente después de expulsar sus capas más superiores al espacio vecino. Esas nubes de material estelar forman las nebulosas. El Sol, por ejemplo, cuando acabe su combustible, lo cual ocurrirá en 5 000 millones de años, terminará hinchándose hasta alcanzar un tamaño que encerrará la órbita de Marte. Su núcleo compacto queda en el centro en una bola de materia muy densa y caliente, llamada estrella enana blanca. Las etapas por las que pasa una estrella a medida que consume el combustible nuclear es lo que da origen a diferentes tipos de estrellas de acuerdo a su masa. Las hay enanas blancas, enanas marrón, gigantes rojas, estrellas de neutrones, pulsares, novas y supernovas. Todas ellas son estrellas, la diferencia es que se encuentran en etapas diferentes de su vida y todo depende de la masa inicial de la estrella. Por ejemplo, las estrellas que comienzan su vida con una masa equivalente a nueve veces la masa del Sol al final de su vida explotan en una supernova. Este es un colosal evento en el que cesan las reacciones nucleares haciendo que caiga la presión que mantenía la estrella en equilibrio.

Sin presión la gravedad empuja toda la materia hacia el centro en un estrepitoso colapso gravitacional que termina compactando el núcleo de la estrella en una bola gigante y expulsando violentamente hacia el espacio las capas más alejadas del centro de la estrella. Estrellas aun más masivas, con masa superior a treinta veces la del Sol, terminan su vida también con una etapa de supernova pero en el centro dejan una estrella de neutrones o un agujero negro. Una estrella de neutrones es del tamaño de una ciudad y encierra una masa comparable a la del Sol con una densidad igual a la densidad del núcleo atómico.

El combustible nuclear de una estrella la puede mantener brillando por millones de años o por miles de millones de años, todo depende de la masa de la estrella. Las primeras estrellas que se formaron en el universo eran súper masivas, en promedio alcanzan a tener una masa equivalente a cien veces la del Sol. Con tanta masa la densidad y temperatura en su centro es muy alta y, por lo tanto, gasta el combustible nuclear más rápidamente, resultando en estrellas que viven por tan solo unos pocos millones de años. Estrellas con menos masa, como el Sol, viven por miles de millones de años. Como el Sol, muchas estrellas albergan sistemas planetarios y es de esperarse que nuestro planeta no goce de privilegios en comparación con otros planetas en otras estrellas.

La conclusión ineludible es que deben existir innumerables planetas que exhiben condiciones favorables para la vida. En el universo visible hay 70 000 millones de billones de estrellas. Ellas no se encuentran dispersas uniformemente por todo el espacio. A las estrellas se les ve agrupadas en grandes conglomerados, llamados galaxias, cada uno reuniendo miles de millones de estrellas. Las galaxias más lejanas manifiestan una actividad muy intensa debido a la presencia de agujeros negros masivos que desde el centro de la galaxia devoran ingentes cantidades de materia circundante. Los astrónomos que descubrieron esas fuentes brillantes y lejanas le llamaron cuásares, es decir, objetos cuasi estelares, sin embargo, hoy sabemos que se trata de galaxias activas en el pasado del universo. En nuestra galaxia, la Vía Láctea, encontramos 200 000 millones de estrellas. La Vía Láctea es un disco estelar en rotación con un diámetro de 82 000 años luz. El Sol se encuentra a una distancia de 30 000 años luz del centro de la galaxia y se mueve en una órbita circular en torno a ese punto central a una velocidad de 220 kilómetros por segundo. A su vez, en el universo visible (énfasis en visible) encontramos 100 000 millones de galaxias. Decimos con Flammarion: "...la imaginación más audaz se ve abrumada con estos números, y falla en imaginarse esos millones de soles

–globos brillantes y formidables que merodean el espacio, bailando con sus sistemas planetarios a lo largo de su viaje. ¡Qué hornos aquellos! ¡Qué vidas desconocidas!¡Qué inmensidades tan vastas!”

La tecnología espacial ha permitido hacer observaciones astronómicas libres de las distorsiones de la luz causadas por su propagación en la atmósfera terrestre. En el presente (2012) hay más de sesenta misiones espaciales activas enviando datos a Tierra con información detallada de los procesos que ocurren en otros planetas, en el Sol, en otras estrellas, en otras galaxias y en el borde mismo del universo visible. Esas plataformas espaciales se han equipado con sensores capaces de percibir radiación en todas las partes del espectro electromagnético, desde las microondas hasta la radiación gamma, pasando por el infrarrojo, el visible, los rayos X y el ultravioleta, con lo cual se ha abierto una ventana al cosmos donde por primera vez podemos observar al universo de frente y así elaborar modelos cosmológicos basados en datos empíricos de alta precisión. Con tantos proyectos activos, cada día las agencias de noticias anuncian un nuevo hallazgo y publican hermosas fotografías astronómicas que bien se las puede uno imaginar exhibidas en las paredes de famosos museos compitiendo con la noche estrellada de Van Gogh.

Resumir el universo en pocas páginas es un reto formidable. Una revisión exhaustiva del tema, no importa a qué nivel, requeriría cientos o miles de páginas. Proponemos al lector una alternativa más práctica y efectiva para la cual nos valdremos de la analogía del museo como lo sugiere el párrafo anterior. Vamos a imaginar que estamos recorriendo el universo en un museo, cada cuadro representando un objeto del universo o una región importante o un nuevo resultado de esos interesantes proyectos. En nuestra imaginación cada cuadro bien podría ser la ventana de una nave espacial en la cual nos hallamos participando de un breve viaje intergaláctico. Cada foto resalta un paradero importante en nuestro viaje exploratorio del universo. Los invitamos entonces a sentarse muy cómodamente en sus sillas y a gozar de las maravillas del universo.

Capítulo 2

Ventana al universo

Visitaremos el universo en tres jornadas comenzando con el sistema solar, luego nuestra galaxia y de ahí hacia el universo profundo. Nos detendremos en puntos de interés para ir elaborando en nuestra mente una idea de las escalas, los tamaños y el tipo de objetos que pueblan el cielo de los astrónomos. La narración en cada parada de nuestro paseo corresponde a una imagen astronómica que el lector podrá recrear en su imaginación y si lo desea (y si tiene acceso a la internet) podrá ver las imágenes correspondientes en el sitio web astroverada.com/universo.

Visita al sistema solar

En esta primera jornada visitaremos nuestra vecindad en el sistema solar. Pasaremos muy cerca al Sol y los planetas, cada uno de ellos un mundo exótico de condiciones extremas. También encontraremos las lunas que orbitan a los planetas gigantes y una multitud de objetos de menor tamaño que se encuentran en cinturones alrededor del Sol. Por mucho tiempo pensamos que el Sol era la única estrella que albergaba un sistema planetario. Desde la primera detección de un planeta extra-solar en 1995, por los astrónomos suizos Michel Mayor y Didier Queloz, sabemos que muchas estrellas vecinas también son orbitadas por planetas en forma similar a nuestro sistema solar.

El sistema solar se formó hace 4 600 millones de años a partir de una nube de gas y polvo. El Sol acaparó la mayoría del material disponible en esa nube y los planetas se formaron con las migajas que sobraron. Este hábitat está lleno de mundos grandes y pequeños, asteroides, cometas, ocho planetas, cinco planetas enanos, 168 lunas orbitando seis de los planetas y ocho orbitando tres planetas enanos. Cada uno de estos objetos astronómicos alberga secretos que apenas comenzamos a dilucidar con las sondas robóticas que espían el maravilloso rango de fenómenos permitidos por la naturaleza en esos mundos remotos. Hemos observado tormentas monstruosas en Júpiter, erupciones volcánicas en Io, mares subterráneos en Europa, férricos atardeceres en Marte, poderosos chorros de plasma que emanan del Sol, brillantes auroras en Saturno, violentos choques de cometas con Júpiter, y muchos otros intrigantes espectáculos planetarios.

¿Qué tan grande es el sistema solar? En términos del tiempo que demora en viajar la luz encontramos que el sistema solar es un disco con un diámetro de 8,5 horas luz. Para visualizar ese tamaño vamos a hacer un ejercicio mental en el cual colocamos copias del planeta Tierra una pegada a la otra como un collar de perlas formando una línea que recorre el diámetro completo del sistema solar. Necesitamos 700 000 Tierras para formar un collar de Tierras que vaya de un lado al otro del sistema solar.

El Sol

El Sol es un reactor atómico flotando en el espacio; una inmensa bola de gas de hidrógeno en cuyo interior a una temperatura de veinte millones de grados Celsius los núcleos de hidrógeno se fusionan para formar helio y en el proceso se produce la energía que lo mantiene caliente y brillante. En este proceso se consumen cinco millones de toneladas de hidrógeno cada segundo. Se encuentra a 150 millones de kilómetros de la Tierra. Es tan grande esta distancia que la luz se demora ocho minutos en el viaje a nuestro planeta.

Nuestra casa

Visto desde el espacio, nuestro planeta no es más que un punto azul pálido que deambula inerme y frágil por el espacio dando vueltas en torno a una estrella central a una velocidad de 100 000 kilómetros por hora y llevando una carga de 7 000 millones de seres humanos. En otras palabras, la Tierra es nuestra nave espacial, la única que tenemos. Cuando consideramos la presencia del humano en su contexto planetario nos damos cuenta cuán importante es cuidar nuestro planeta y no malgastar el suministro limitado de recursos que llevamos a bordo.

Luna llena

La Luna tiene mucho parecido a nuestro planeta, es como una Tierra en miniatura: tiene volcanes, magma, cráteres, composición química similar y sufre temblores parecidos a los nuestros. Una diferencia importante, sin embargo, es que la Luna no tiene atmósfera. Las semejanzas se deben a que la Luna y la Tierra tienen un origen común. La Luna se formó hace 4 500 millones de años cuando un objeto del tamaño de Marte colisionó con la Tierra. Con el impacto gran cantidad de material de la corteza de la Tierra se desprendió y salió despedido al espacio como una ráfaga que quedó gravitando en torno a la Tierra. Poco a poco ese material coaguló formando la Luna. Debido a que su movimiento orbital está sincronizado con la rotación de la Tierra nosotros solo podemos ver una cara de la Luna. El primer paso de la humanidad en otro mundo quedó grabado en una huella sobre el regolito selenita dejada por las botas del astronauta Buzz Aldrin cuando llegó a la Luna el 20 de julio de 1969. Los astronautas colocaron un espejo sobre la Luna para realizar experimentos con rayos láser enviados desde la Tierra. La luz se demora 2,5 segundos en ir a la Luna y regresar. Con estos datos se ha podido medir la distancia a la Luna con una precisión de tres centímetros y se ha podido determinar que la Luna se aleja de la Tierra 38 milímetros por año.

Venus

Por ser el astro más brillante del cielo nocturno (después del Sol y de la Luna), Venus ocupó un lugar prominente en las culturas antiguas. Para los Mayas Venus fue el dios Kukulkán, Quetzalcóatl para los Aztecas, y la diosa de la belleza para los romanos. En cuanto a su tamaño y composición es muy parecido a la Tierra, sin embargo, su clima es completamente diferente debido a su densa atmósfera de dióxido de carbono. El efecto invernadero causado por el dióxido de carbono en Venus produce temperaturas suficientemente altas como para fundir plomo. También tiene nubes de ácido sulfúrico que no permiten observar directamente la superficie del planeta. La sonda Magallanes de la NASA logró construir un mapa de la superficie de Venus usando ondas de radio como un radar.

Mercurio

Mercurio, el planeta más pequeño y el más cercano al Sol, es una densa bola de hierro con una corteza muy parecida a la de la Luna: su superficie está marcada por una gran cantidad de cráteres de impacto y por planicies formadas por flujos de lava. La cuenca *Caloris*, observada por la sonda espacial *Messenger* es la depresión meteórica más grande del sistema solar. La temperatura en la superficie de Mercurio sufre cambios extremos que van de 427 grados centígrados al medio día a 183 grados centígrados bajo cero a la media noche.

Marte

Si quisiéramos preparar un escenario lo más parecido posible a Marte aquí en la Tierra, nos iríamos a una región árida y rocosa, y luego dispersaríamos el suelo con óxido de hierro. Este fue el panorama observado por la sonda robótica *Explorador de Marte* y de la cual aprendimos que la superficie del planeta tiene mucho parecido con la de nuestro planeta. Aquí encontramos basalto volcánico, silicio, hierro, aluminio, calcio, titanio; elementos todos ellos muy comunes en la Tierra. También se han observado fumarolas de metano, depósitos de agua congelada y flujos de agua salada modulados por ciclos estacionales. Todo ello sugiere la posibilidad de que alguna forma de vida pudo haber existido en el pasado. El color rojizo de este planeta –producido por el óxido de hierro en su superficie– inspiró la asociación de los conflictos bélicos con Marte, el dios romano de la guerra.

Júpiter

Júpiter es el planeta más grande del sistema solar: en su interior cabe la Tierra 1 000 veces y está circundado por 63 lunas. Cuando los planetas se formaron, el glotón de Júpiter consumió más materia que el resto de los planetas unidos. Empero, no es un planeta sólido como la Tierra, sino más bien una bola gigante de gas compuesta primordialmente –como el Sol– de hidrógeno (90%) y helio (10%) formando su espesa atmósfera. Es posible que en la parte central del planeta se encuentre un núcleo sólido. Debido a su gran masa, en el planeta se encuentran atrapados todos los materiales existentes en la nube primordial a partir de la cual se formó el sistema solar. Lo anterior quiere decir que en su interior profundo Júpiter encierra la información necesaria para entender el origen de los planetas y la vida.

Júpiter es el planeta de los extremos y en cuanto al clima es lo más exótico que podamos imaginar. Su atmósfera es un laboratorio donde continuamente hierven enormes tormentas, retumban poderosos truenos y aparecen vórtices impulsados por un vértigo desenfrenado. La famosa tormenta roja es uno de esos vórtices donde un remolino huracanado ha estado perturbando las capas superiores de Júpiter por más de doscientos años. La tormenta, que ocupa una región donde caben dos Tierras, está bordeada por corrientes de viento, más veloces que un jet, que transitan al planeta en sentido contrario. Las bandas que aparecen en la capa visible de la atmósfera de Júpiter son manifestación de los movimientos de convección de células de aire caliente ascendente. En su paseo cíclico los bolsillos de gas caliente transportan elementos químicos –como el fósforo y el azufre– que producen el color pardo-bermejo característico de las bandas. La atmósfera también exhibe regiones de color debido a nubes de hielo de amoniaco que afloran como el dosel forestal de los bosques.

Saturno

Saturno, el segundo más grande del sistema solar, es el más fotogénico de los planetas. Su mayor distinción es el fino anillo de partículas de hielo que lo adorna como una corona que lo eleva al trono reservado para el rey de los planetas. Es gigante y gaseoso. En su centro tiene un núcleo de hierro, níquel, silicón, hidrógeno metálico líquido y helio líquido.

Mimas

En su paseo exploratorio de Saturno, la sonda espacial *Cassini* se aproximó a Mimas en febrero del año 2010 y tomó fotos espectaculares de esa luna, una de los más importantes miembros de la familia de lunas de Saturno. Este planeta tiene 62 lunas, cada una un mundo diferente: algunas rocosas y viejas, otras maleables y volcánicamente activas; unas enormes como Titán, más grande que el planeta Mercurio, y otras pequeñas con tan solo 10 kilómetros de diámetro; las hay porosas como Hyperion y sólidas como Mimas. Dione y Tethys tienen actividad tectónica, mientras que Titán con sus ríos y lagos de metano líquido parece el experimento químico de algún descarriado profesor saturnal. Estos cuerpos helados llevan nombres de deidades improbables de la mitología griega, Inuit, y Gálica. Aegir, Calypso, Iapetus, Enceladus, Mimas, Tarvos y Telesto son algunos ejemplares. En las fotos de Mimas se resalta la cicatriz de 130 kilómetros dejada por el impacto de un cuerpo que se estrelló contra su superficie. El cráter Herschel toma el nombre del astrónomo William Herschel, quien observó a Mimas en 1789.

Urano y sus lunas

Urano, uno de los cuatro planetas gigantes, posa cual foto de familia acompañado por sus lunas más grandes: Ariel, Miranda, Titania, Oberón y Umbriel. En total son veintisiete sus lunas y también tiene anillos como Saturno, pero más sutiles y, por lo tanto, difíciles de observar. Este planeta gaseoso está compuesto de hidrógeno, helio, metano, amoniaco y agua. El metano en su atmósfera absorbe el color rojo, por ello su aspecto azuloso.

Nuestra Galaxia la Vía Láctea

En este viaje saldremos fuera del sistema solar a explorar nuestra galaxia. Tardaríamos 100 000 años viajando a la velocidad de la luz para recorrer la Vía Láctea de un extremo a otro. Si formamos un collar compuesto por perlas del tamaño del sistema solar necesitaríamos 87 millones de perlas para tender el collar de un lado al otro de la galaxia. Si observamos el Sol desde la estrella más cercana (Proxima centauri) nos daremos cuenta que es un puntico despreciable en medio de los 200 000 millones de estrellas que alberga la Vía Láctea. No solo de estrellas está hecha nuestra galaxia. Encontraremos nebulosas planetarias, supernovas, cúmulos globulares y grandes extensiones de polvo interestelar.

Nebulosa planetaria Ojo de Gato

A una distancia de 3 000 años luz nos encontramos con una llamativa nubosidad que más bien se parece al ojo de uno de esos magos de película de ciencia ficción. Por muchos años, cuando los telescopios no eran tan potentes como los modernos, este tipo de objeto lo veían los astrónomos como unos puntitos borrosos, estaban seguros que no eran estrellas; los llamaron *nebulosas planetarias*. Sin embargo, no sabían exactamente qué eran. Hoy sabemos que estas nubes son formadas por material de una estrella –como el Sol– que cuando agota su combustible nuclear se hincha formando una estrella gigante roja expulsando al espacio sus capas más externas. El punto brillante central muestra lo que quedó de la estrella original: una bola muy caliente y densa donde ya no se producen reacciones nucleares en su interior. A estos objetos se les llama estrellas enanas blancas.

Enanas blancas en la Vía Láctea

Las estrellas brillan hasta que se acaba el combustible nuclear en su interior. Cuando éste se agota, la estrella expulsa las capas más exteriores. El núcleo remanente de la estrella se concentra en una bola densa del tamaño de un planeta que sigue brillando por varios años. Estas son las estrellas enanas blancas como las que conforman el cúmulo M4 a una distancia de 5 600 años luz. Durante la etapa normal de una estrella, cuando en su núcleo se producen reacciones nucleares, esta se mantiene en equilibrio entre la presión de las reacciones termonucleares y la gravedad. La presión hala hacia afuera, la gravedad hacia el centro. En una estrella enana blanca desaparece la presión de las reacciones nucleares. La presión que mantiene a la estrella en equilibrio contra la gravedad es una fuerza de repulsión entre electrones producida por un efecto de la mecánica cuántica que impide a los electrones en la estrella ocupar todos el mismo nivel de energía.

Nebulosa del Cangrejo

Una foto muy llamativa y famosa en el mundo de los astrónomos es la de la nebulosa del Cangrejo. la foto muestra lo que quedó de la explosión de una estrella. Aparece una nube expansiva con filamentos radiales cerca al centro y grandes burbujas de polvo anaranjado hacia los extremos. Esta nebulosa se encuentra a una distancia de 6 500 años luz y contiene el material que expulsó una estrella en el momento en que perdió el equilibrio debido a que se le agotó el combustible nuclear. La explosión de una estrella como esta se llama una supernova. La estrella explotó hace 7 500 años, pero debido a que se encuentra a una distancia de 6 500 años luz, aquí en la Tierra solo nos enteramos apenas hace 1 000 años. Esta supernova fue observada por primera vez en el año 1054 por los chinos y fue visible en plena luz del día por semanas enteras. La parte central de la estrella quedó concentrada en una bola súper densa –una *estrella de neutrones*– de materia del tamaño de una ciudad y con una densidad igual a la densidad de la materia en un núcleo atómico.

Nebulosa Carina

Visitamos ahora una fábrica de estrellas, la Nebulosa Carina. En esta región de nuestra galaxia –a una distancia de 7 500 años luz– vemos estas formaciones de nubosidades borrascosas que más bien parecen obras de arte abstracto. Estas nubes, compuestas de hidrógeno y helio primordial (es decir, provenientes del Big Bang) también poseen en menor proporción todo el material que expulsan las estrellas que explotan al final de sus vidas. En la imagen de la nebulosa observamos pliegues intrigantes y estelas flotantes que manifiestan la presencia de viento estelar, radiación ultravioleta de estrellas recién nacidas y burbujas expansivas de gas caliente emitido por estrellas que convulsionan. Este caldo cósmico es la fábrica donde se forman nuevas estrellas cuando la acción de la gravedad hace que las regiones más densas de esta nube se concentren en bolas de gas de muy alta densidad.

La Nebulosa Carina está llena de sorpresas y detalles valiosos. Vale la pena examinar más cercanamente los llamados "pilares de la creación". Estas estructuras son inmensas torres formadas por densas nubes de gas y polvo iluminadas por un fondo de radiación ultravioleta que las hace resplandecer con tonos rojo, verde y azul. En las nubes podemos apreciar el polvo empujado por la radiación ultravioleta y el viento de partículas emitido por estrellas recién nacidas. Los colores revelan la diversidad química de la nube. Por ejemplo, el rojo es del azufre, el verde del hidrógeno y el azul del oxígeno.

Observamos una columna de gas donde nacen nuevas estrellas. La entera región de gas y polvo está siendo continuamente azotada por la radiación y el viento estelar de estrellas recién nacidas. Se ven protuberancias, como dedos de una mano que se asoma al borde de las nubes, revelando las regiones más densas que se resisten a la erosión causada por esa lluvia de radiación y viento estelar. En algunas partes observamos unos chorros de materia que parecen columnas de viento soplado por una olla a presión. Son chorros de materia expulsados a una velocidad de 160 kilómetros por segundo.

Estrella variable Monocerotis

Las estrellas no son pasivas: unas explotan, unas se hinchan, otras cambian de tamaño y brillo cíclicamente como un inmenso pulmón que respira. La estrella V838 Monocerotis que se encuentra a una distancia de 20 000 años luz es un ejemplo de las convulsiones que experimentan algunas estrellas cuando su horno nuclear sufre algún ajuste. La estrella central viene acompañada de una nube de gas dejada por la estrella en una época en la que se hinchó, posiblemente debido a que los procesos nucleares en su interior sufrieron un cambio de régimen.

Cúmulo estelar NGC 3603

Es común observar a las estrellas reunidas en grupos. Las estrellas socializan de manera natural impulsadas por la fuerza de gravedad que siempre es atractiva. El cúmulo estelar NGC 3603, por ejemplo, es una agrupación de estrellas (o cúmulo) localizado a 20 000 años luz de distancia. El cúmulo está rodeado por el gas y polvo que se encuentra en la nube a partir de la cual se formaron estas estrellas. Las estrellas se forman en estas nubes por la acción de la gravedad que siempre hala hacia el centro en regiones de alta densidad.

Las profundidades del universo

Estamos listos para salir ahora fuera del confort de nuestra pequeña galaxia y apreciar el abrumador tamaño del espacio intergaláctico. Es difícil visualizar las escalas de tiempo y espacio a nivel cosmológico porque están alejadas de la experiencia cotidiana. En el universo las distancias se miden en millones y billones, pero, ¿qué es un millón? Para darnos una idea: si comenzamos a nombrar los números en voz alta, uno, dos, tres, cuatro… hasta llegar a un millón, ¿cuánto tiempo cree que nos demoraríamos? Si lo hacemos ininterrumpidamente estaríamos recitando números por once días y catorce horas. Con esta ayuda, procedamos a admirar los millones de años luz de distancia entre las galaxias.

En el universo visible encontramos 100 000 millones de galaxias de tamaños en promedio comparables a la nuestra. Las galaxias son como los átomos de los cuales está hecho el universo, pero en el espacio estas no se encuentran distribuidas uniformemente. Atraídas por los embudos de gravedad formados por materia oscura las galaxias terminan agrupándose en estructuras mayores. La Vía Láctea es un miembro de un cúmulo pequeño de galaxias llamado el grupo local que está conformado por unas veinte galaxias dentro de un radio de tres millones de años luz. En promedio los cúmulos galácticos llegan a un tamaño de cincuenta millones de años luz. Siguiendo la analogía del collar de perlas para visualizar el tamaño de los objetos más grandes en términos de otros más pequeños, encontramos que un collar de perlas del tamaño de la Vía Láctea extendido de un extremo a otro de un cúmulo galáctico necesitaría seiscientas perlas. A su vez los cúmulos de galaxias también se unen en grupos llamados supercúmulos. Estos supercúmulos son estructuras gigantescas, por ejemplo, el supercúmulo de Hércules tiene una extensión de 260 millones de años luz y el Perseo-Pegaso es una monumental tira de cúmulos de mil millones de años luz. En promedio los supercúmulos tienen un tamaño de 450 millones de años luz. Si tendemos un collar hecho de supercúmulos de un extremo a otro del universo visible encontramos que este collar necesita doscientos supercúmulos.

Hemos encontrado a los planetas en órbitas en torno a estrellas, a las estrellas reunidas en galaxias, a las galaxias en cúmulos y a los cúmulos en supercúmulos. ¿Hasta dónde llega esta jerarquía? Los sondeos más profundos que se han completado indican que los supercúmulos son las estructuras más grandes y que a escalas superiores el universo es homogéneo. El universo observable se extiende a una profundidad de 46 000 millones de años luz, más allá hay más de lo mismo: cúmulos y supercúmulose de galaxias, sin embargo, nosotros solo podemos observar hasta el límite dictado por la distancia que puede viajar la luz desde el origen del universo. El lector atento se está preguntando ¿por qué el universo visible se extiende hasta 46 000 millones de años luz cuando sabemos que la edad del universo es de 13 700 millones de años? ¿No es de esperarse que el horizonte demarcado por la distancia que ha viajado la luz desde el origen del tiempo se extienda justamente por 13 700 millones de años luz? Buena observación. Lo que sucede es que no debemos olvidar que el universo está en expansión, por lo tanto, mientras que se propaga la luz en camino hacia nuestros telescopios, las galaxias de donde partió esa luz se siguen alejando.

Los invitamos a continuar la visita a la exposición. En esta parte del viaje exploraremos todos los rincones de ese universo observable, veremos galaxias que se atraen mutuamente, cúmulos que chocan violentamente y objetos astronómicos exóticos como cuásares y agujeros negros.

Nuestra vecina Andrómeda

A comienzos del siglo XX la idea dominante era que el universo estaba conformado únicamente por nuestra galaxia (la Vía Láctea), sin embargo, en 1924 el astrónomo Edwing Hubble, con el telescopio de Monte Wilson –el más potente de la época– midió la distancia a la vecina galaxia espiral de Andrómeda y así pudo determinar que existen "islas de estrellas" semejantes a la Vía Láctea. Los datos modernos indican que la distancia a Andrómeda es 2,5 millones de años luz. Cuatro años más tarde el mismo Hubble pudo determinar que las galaxias se mueven alejándose del observador y que la velocidad con la que se alejan aumenta en proporción a la distancia donde se encuentran. Estas observaciones que son el fundamento de la tesis expansionista fueron cuantificadas en la hoy conocida "ley de Hubble". El universo se expande o mejor, el espacio se expande. La expansión aparece en las ecuaciones como un factor de escala que afecta la distancia entre dos puntos del universo. Datos recientes indican que la velocidad de recesión de las galaxias aumenta en 22 kilómetros por segundo cada vez que aumentamos la profundidad de observación por un millón de años luz.

Galaxia espiral cercana

El telescopio espacial Hubble, nombrado en honor al astrónomo Edwing Hubble, lleva más de veinte años observando el firmamento y ha producido unas verdaderas joyas de la astronomía, unas imágenes inspiradoras y reveladoras. Con el telescopio Hubble una galaxia a sesenta millones de años luz es tan nítida que se pueden diferenciar estrellas individuales, brazos en rotación, caminos de polvo interestelar y el glóbulo central. Con el poder del Hubble la galaxia espiral NGC 1672, que se encuentra a 60 millones de años luz, aparece como si estuviera a la distancia de la Luna. Esta galaxia es de tipo espiral con barra y sus brazos espirales están trazados por caminos de polvo interestelar que absorben la luz. A lo largo de los brazos se distinguen los racimos de estrellas recién nacidas de color azul brillante que a su vez hacen brillar en tonos rojizos y rosados a las nubes de gas de hidrógeno circundantes. También se puede apreciar la presencia de otras galaxias en el fondo y de estrellas en nuestra propia galaxia que se ven como diamantes relucientes. El centro de la galaxia exhibe el intenso brillo de la radiación emitida por cantidades monstruosas de materia que caen inexorablemente a gran velocidad dentro del agujero negro súper masivo que reside en el centro.

Par de galaxias de "La Antena"

Las galaxias se atraen. Con el lenguaje frío del catalogador nos encontramos con un par de galaxias rotulado NGC 4038 y NGC 4039 que participan de un abrazo, diríamos cósmico. Los brazos de las galaxias originales se entrecruzan y se deforman por la inmensa fuerza gravitacional entre ellos. En el proceso se crean densas nubes de gas (primordialmente hidrógeno) con las condiciones propicias para el rápido nacimiento de nuevas estrellas. Esta unión de galaxias se encuentra a una distancia de 62 millones de años luz de distancia.

La gran danza de las galaxias

Nos estamos alejando cada vez más y como consecuencia nos acercamos al pasado. En el pasado del universo las galaxias eran más pequeñas pero con el tiempo se fusionaron para formar las grandes galaxias que hoy vemos en nuestra vecindad. La unión de galaxias es promovida por la atracción gravitacional entre ellas. Cuando llegamos a una distancia de 114 millones de años luz nos encontramos con el par IC 2153/NGC 2207 donde vemos la manifestación de esa atracción en una fabulosa danza entre dos galaxias. La pequeña (IC 2153) está orbitando en cercanías de la grande (NGC 2207) en un baile cósmico que terminará en la unión de las dos. En el proceso –que puede durar millones de años– los brazos alcanzan a mezclarse, sin embargo, sus estrellas no se chocan porque el espacio entre ellas es inmensamente grande. Es como el encuentro entre dos enjambres de abejas que se unen para formar un enjambre más grande sin hacer daño a los miembros del enjambre. Muy distinto es lo que ocurre con los agujeros negros que se encuentran en el centro de estas galaxias que, cuando estas se unen, sus agujeros negros centrales se pueden fusionar o chocar y rebotar como dos bolas de billar.

El trío de galaxias Arp 274

El astrónomo Halton Arp estudió las agrupaciones de galaxias para entender cómo se manifiestan las interacciones entre galaxias que están cerca. No siempre lo que vemos en el cielo como agrupaciones de galaxias implica que estas gocen de proximidad física. Las galaxias en el trío Arp 274, por ejemplo, aparecen como si estuvieran cerca pero en realidad están separadas por una gran distancia debido a que se encuentran a diferentes profundidades relativas a nosotros en la Tierra. Las dos galaxias más grandes, sin embargo, presentan propiedades similares. Los puntos azules brillantes rodeados de nubosidades rosáceas son manifestación de brotes de nacimiento de gran cantidad de estrellas nuevas en los brazos de estas galaxias. Las estrellas más viejas, de color amarilloso, se encuentran en la parte central.

El quinteto de Stephan

Este famoso quinteto de galaxias debuta con una impresionante coreografía donde los colores nos cuentan la historia, la composición y los procesos físicos que ocurren en estas galaxias. Una de las galaxias del grupo (NGC 7320) es marcadamente distinta. Debido a que se encuentra a una distancia relativamente cercana de cuarenta millones de años luz, en ella podemos diferenciar estrellas individuales y regiones de formación de nuevas estrellas, como lo indica el color azul brillante característico.

En contraste, las otras galaxias del quinteto de Stephan se encuentran a una distancia de 290 millones de años luz, por lo cual en ellas no se distinguen estrellas individuales; los puntos más brillantes son cúmulos estelares con miles de estrellas. Son galaxias más viejas, por ello su color amarillento. Tres de las galaxias muestran sus brazos deformados por fuerzas de marea, lo cual es una marca característica de interacciones gravitacionales por cercanía.

Un par muy fotogénico

En el pasado, cuando el universo era más denso, había más oportunidad de interacción entre las galaxias. El par de galaxias Arp 273 a una distancia de 340 millones de años luz, nos ofrece otro elegante minueto galáctico. La galaxia más grande del par tiene una masa cinco veces mayor que su compañera; sin embargo, sus brazos están un poco distorsionados por fuerzas de marea producidos por la atracción gravitacional ejercida por su pareja. En esta imagen astronómica aparece escondida una pequeña galaxia espiral en el brazo de la galaxia grande. También son evidentes los efectos causados por la presencia de esa intrusa: la parte del brazo de la galaxia en cercanías del centro está caracterizado por una distribución pareja de estrellas viejas de color rojizo, mientras que la parte externa del brazo está adornada por una cadena de estrellas gigantes que brillan con el característico color azul de las estrellas recién nacidas. Estas a su vez vienen agrupadas en racimos repartidos con regularidad formando el patrón que manifiesta ondas subyacentes de inestabilidad. También podemos apreciar la presencia de un tenue puente de materia como si fuera un velo tendido entre las dos galaxias.

Cúmulo de galaxias en torno a un agujero negro

En el pasado del universo las galaxias eran más activas, generaban estrellas con gran rapidez y tenían más material disponible en su centro para alimentar los enormes agujeros negros que allí se encontraban, produciendo en el proceso mucha radiación y chorros de partículas. Con la ayuda de radiotelescopios y de telescopios que pueden observar los rayos X podemos presenciar en el cúmulo MS 0735 (a una distancia de 2 600 millones de años luz) la actividad frenética de un agujero negro súper masivo escondido en la galaxia central de este cúmulo de galaxias. Nótese que al decir que el cúmulo se encuentra a una distancia de 2600 millones de años luz, equivale a decir que en esta imagen estamos observando lo que era esa parte del universo hace 2 600 millones de años. El inmenso agujero negro se traga el material de estrellas y nubes que se acercan a su entorno y emite unos chorros de partículas a alta velocidad que quedan revelados por inmensas nubes rojas alargadas. Esos brotes furiosos que emanan del agujero negro esculpen unas inmensas cavidades dentro del gas interestelar del cúmulo produciendo emisión de rayos X que aparece como un halo difuso de color azul tenue.

Colisión de gigantes

En un lugar del universo hace 5 400 millones de años, cuando el universo era más denso, ocurrió una colisión entre cúmulos de galaxias que quedó registrado en las imágenes astronómicas del cúmulo MACS J0717. Se trata de la colisión de cuatro cúmulos de galaxias que terminaron formando un súper cúmulo. El espacio entre las galaxias del cúmulo está impregnado de gas intergaláctico que fue observado independientemente por el telescopio Chandra de rayos X y aparece en la imagen como un sutil velo de color azul, morado y rojo superpuesto sobre la imagen óptica de las galaxias en el cúmulo. El color rojo representa las temperaturas más frías y el color azul las más calientes. La forma irregular y exótica de este cúmulo se debe a las complejas interacciones entre los cúmulos originales, el gas intergaláctico y la materia oscura que siempre acompaña el medio ambiente donde estos residen.

Energía oscura

La presencia de energía oscura en el universo fue demostrada en 1988 por observaciones astronómicas de estrellas supernova tipo Ia que se encuentran en los rincones más profundos que se hayan observado en el universo. La energía oscura es una especie de presión que causa la expansión acelerada del espacio y gracias al acceso a un poderoso lente se ha podido comprobar su existencia. El telescopio más potente del mundo está conformado con una lente de un tamaño descomunal, ¡tiene un diámetro de un millón de años luz! Y lo mejor es que la construcción de esta lente no tuvo costo alguno, fue puesta por el universo en el pasado, a una distancia de 2200 millones de años luz en forma de un cúmulo de galaxias.

El cúmulo Abell 1689 conforma una de esas lentes gravitacionales. En las imágenes de Abell 1689 aparecen unos objetos alargados como filamentos en forma de arcos que circundan el cúmulo. Esos filamentos son las imágenes deformadas de galaxias que se encuentran por detrás del cúmulo a una distancia de 12 800 millones de años luz. La distorsión se produce por el efecto de lente gravitacional causado cuando los rayos de luz provenientes de esas galaxias lejanas se desvían por la acción de la gravedad del cúmulo. La distorsión también depende de la energía oscura. Analizando la geometría de esos filamentos se logró comprobar la existencia de energía oscura y también de materia oscura. Los resultados de este análisis confirman las mediciones realizadas por el satélite WMAP (del inglés Para Sonda Wilkinson de Anisotropías en Microondas)de la NASA que muestran que 72% del universo es energía oscura, 24% materia oscura y solo un 4% es la materia normal hecha de átomos.

El universo primitivo

Un astrónomo que tuviera la suerte de haber vivido hace 13 000 millones de años hubiera podido observar algo absolutamente maravilloso: la formación de las primeras estrellas y galaxias en el universo, que comenzaron a formarse 1 000 millones de años después del Big Bang. Ahora también tenemos la posibilidad de observar ese espectáculo simplemente recogiendo la luz que salió de esas primeras galaxias hace 13 000 millones de años. Esta hazaña fue realizada por el telescopio espacial Hubble, pues ha logrado tomar una foto del espacio profundo que incluye 10 000 galaxias, algunas de las cuales son de las primeras en formarse.

Ecos del Big Bang

La distancia más profunda que podemos observar en el universo está marcada por una cortina de luz que actúa como un telón de fondo más allá del cual no podemos ver (por lo menos con ondas electromagnéticas). Esa luz de fondo es la radiación que quedó de los primeros momentos del Big Bang cuando la materia y la luz conformaban un fluido, una especie de sopa cósmica, a partir del cual luego se forman las estrellas y las galaxias. Hoy esa radiación de fondo aún se puede ver, pero con antenas sensibles a ondas de radio del tipo microondas. El proyecto COBE (del inglés para Explorador del Fondo Cósmico) de la NASA en 1992 fue el primero en observar la estructura esperada en la radiación de fondo proveniente del Big Bang. Más adelante en el año 2001 la sonda espacial Wilkinson (WMAP) de la NASA tomó una foto de la radiación de fondo donde se aprecian detalles con mayor resolución angular. Los mapas de la radiación de fondo se suelen representar usando colores para indicar las desviaciones de la intensidad de la señal con respecto al valor medio. Lo que resulta es una especie de globo con manchas aleatorias; esas manchas son una representación de las marcas dejadas en la radiación de fondo por fluctuaciones gravitacionales que en el universo primigenio pusieron en marcha las interacciones gravitacionales responsables de tallar la estructura a grande escala del universo.

Capítulo 3

Breve historia del universo

En los capítulos anteriores hemos logrado completar un viaje espacial que nos ha mostrado los objetos que se encuentran en el universo y las escalas espaciales asociadas con estos objetos. Es hora de contemplar preguntas fundamentales que hacen referencia al tiempo. ¿Existieron esos objetos astronómicos por toda una eternidad, o el universo tuvo comienzo en el tiempo? ¿Si pudiéramos ver el universo en el pasado, cómo aparecerían esas imágenes a los astrónomos y qué tipo de características definirían las épocas pasadas del universo?

Pensaríamos que este tipo de preguntas tan fundamentales y tan etéreas pertenecen a estudios abstractos más cercanos a la filosofía que a la física. Pero no, lo que hace de la cosmología un fascinante campo de investigación científica es precisamente la posibilidad que tenemos hoy en día de poder estudiar el pasado del universo. ¿Cómo podemos observar el pasado y hacer mediciones de procesos que ocurrieron en el pasado? La respuesta es sorprendentemente fácil: no hay que hacer nada especial para lograr esos objetivos ya que las imágenes y los espectros de objetos astronómicos remotos traen consigo información referente al pasado mismo de esos objetos. Debido a que la luz se propaga a una velocidad finita, la luz que nos llega de una galaxia remota se demora varios años, posiblemente miles de millones de años viajando hacia nuestro telescopio. Cuando finalmente nos llega esa luz al final de su viaje lo que estamos observando es el pasado de la galaxia, lo que era cuando la luz salió de ella hace millones de años.

Un ejemplo, algo idealizado pero de acceso más directo, nos ayudará a afianzar ese importantísimo concepto de la astronomía según el cual lo que vemos con el telescopio es el pasado. Vamos a imaginar que estamos tomando una foto de una persona que está parada en frente a nosotros a una distancia de tres kilómetros. La imagen que queda registrada en la cámara contiene información de lo que era esa persona hace cien microsegundos debido a que la luz se demora cien microsegundos en recorrer los tres kilómetros. Quiere decir que la fotografía, plasmada en el momento en que se grabó la imagen, nos muestra lo que era esa persona en el pasado. Cien microsegundos no es gran cosa, pero ahora adaptemos la escena a escalas astronómicas. Digamos que la persona es una estrella a una distancia de cuarenta billones de kilómetros. En este caso la luz tarda 4,2 años en llegar a la Tierra. Estamos observando lo que era la estrella hace 4,2 años. De hecho en astronomía es común usar el tiempo de viaje de la luz para medir distancias, lo cual resulta más cómodo. Más fácil de visualizar es 4,2 años luz que cuarenta billones de kilómetros. Así, decimos que la estrella Proxima Centauri se encuentra a una distancia de 4,2 años luz.

Un telescopio en una máquina del tiempo que nos permite viajar al pasado y así observar cómo era el universo en el pasado. Gracias a las observaciones astronómicas acumuladas en los últimos ochenta años hemos podido reconstruir la historia del universo con precisión de laboratorio. En su contexto histórico ese logro es de una trascendencia inigualable: comenzamos a dar respuesta a preguntas fundamentales sobre nuestro origen. Desde los primeros brotes de la civilización la humanidad ha manifestado curiosidad por el universo. Las civilizaciones antiguas desarrollaron narrativas sobre el origen del mundo que ofrecían explicación a su universo. Grandes pensadores griegos se ocuparon del tema de la cosmología y luego el tema encontró arraigo en destacados filósofos y teólogos desde el

Medioevo hasta nuestros días. A diferencia de los mitos elaborados por civilizaciones antiguas, de los razonamientos propuestos por los pensadores griegos y de las especulaciones avanzadas por los filósofos, la cosmología científica es una ciencia empírica, es decir, basada en observaciones astronómicas y sujeta al riguroso proceso de verificación experimental.

A continuación haremos un resumen del estado del conocimiento científico relacionado con el origen del universo. El fin de siglo vino acompañado de una teoría cosmológica –la teoría del Big Bang– que daba explicación robusta y coherente de todas las observaciones astronómicas relacionadas con el origen y estructura del universo a grande escala. No es una teoría acabada –ninguna teoría lo es– sin embargo, es la mejor explicación científica que tenemos sobre el universo cuando este se estudia en su totalidad. La teoría del Big Bang dice que el universo se originó hace 13 700 millones de años, que el espacio se expande, que en el pasado el universo era un gas denso con temperatura suficientemente alta para formar los núcleos atómicos de helio y dejar una radiación de fondo marcada por las cicatrices de fluctuaciones primitivas en la densidad que dieron origen a la estructura del universo a escalas del tamaño de cúmulos y supercúmulos.

Obviamente con el Big Bang no tenemos todas las repuestas; existen grandes lagunas del conocimiento en este tema y ningún científico en su sano juicio puede declarar que hemos encontrado la teoría final del universo. Al mismo tiempo reconocemos que desde el año 1929 hemos avanzado en el conocimiento del cosmos de manera asombrosa. Es importante entonces establecer la frontera que delimita muy claramente lo que sabemos con certeza y por otro lado las ideas más especulativas. Esta tarea es particularmente fácil para el tema que nos ocupa –el origen y la historia del universo en su totalidad– ya que podemos establecer el tiempo de un microsegundo después del origen del universo como la frontera en el tiempo a partir del cual conocemos los procesos físicos que se dan en el universo. En realidad conocemos bien la física a partir de una fracción de segundo más pequeña que un microsegundo, pero por comodidad trazaremos la línea en la marca de un microsegundo.

Para resaltar la importancia del mensaje del párrafo anterior vale la pena repetir. Los fundamentos científicos que explican los procesos que ocurren en el universo a partir de una edad de un microsegundo son firmemente establecidos; es la misma ciencia que se usa a diario en reactores nucleares, aceleradores de partículas, aparatos de resonancia magnética en hospitales y el escáner corporal en algunos aeropuertos. Estas realidades empíricas seguirán siendo válidas inclusive si se llegara a encontrar una nueva teoría física que reemplace a la mecánica cuántica y a la teoría de la relatividad. Sabemos que estas teorías son aproximaciones que tienen un dominio de validez limitado dentro del cual las predicciones y cálculos que emanan de la teoría son correctos. El concepto de dominio de validez de una teoría física se ilustra muy claramente con la mecánica clásica de Newton: a pesar de que en 1905 Einstein inventó una teoría superior, los puentes y las casas que se construyeron basados en la teoría de Newton no comenzaron a caer al suelo.

El universo tuvo comienzo en el tiempo. El instante exacto en el que surgió el universo lo llamaremos tiempo cero y lo representamos con la letra "t" seguida del número cero así: "t0". La edad del universo apenas transcurrido un segundo se denota como "t0 + 1 segundo" y de forma similar para otros tiempos. Los procesos físicos que se dieron en el universo a partir de t0 + 1 microsegundo se han recreado en laboratorios aquí en el planeta Tierra y, por lo tanto, los entendemos muy bien y la teoría que los explica está cimentada sobre suelo firme. El famoso colisionador de partículas LHC (del inglés para linear hadron collider) en los laboratorios nucleares CERN en Ginebra alcanza a producir choques entre protones con energía equivalente a la que tienen los protones en un gas a una temperatura de 100 000 billones de grados Kelvin. A esta temperatura se encontraba el universo a la tierna edad de t0 + 0.000000000000001 segundos (o t0 + 0.001 pico segundos en forma más compacta).

El sustento teórico del Big Bang es la teoría de la relatividad general de Einstein y la mecánica cuántica; las dos gozan de envidiables pruebas de laboratorio que se han realizado por más de cien años. En contraste, lo que ocurrió antes del tiempo t0 + 1 microsegundo está bajo el dominio de teorías incompletas. La teoría de la gravedad se aplica a sistemas con masa pero a escalas superiores al tamaño de las partículas elementales, por ejemplo, una piedra, el Sol, o el universo en su totalidad. La teoría cuántica de partículas y campos se aplica a los procesos que ocurren a escalas sub nucleares. El problema es que el universo a un tiempo anterior a t0 + 1 microsegundo era muy masivo y al mismo tiempo tenía un tamaño comparable al de una partícula elemental como el electrón. Para estudiar este sistema necesitamos una teoría cuántica que incorpore la interacción gravitacional. Los teóricos se refieren a esta deseada teoría con el apelativo de "relatividad cuántica" o teoría cuántica de la gravedad. Al día de hoy no contamos con una teoría cuántica de la gravedad. Por esa razón nos enfocaremos aquí en los eventos que ocurrieron en el universo a partir de t0 + 1 microsegundo.

La historia del universo es parecida a la historia de un bebé humano en el sentido de que así como en el humano ocurren muchos eventos importantes para la vida en los primeros instantes, desde la concepción hasta los primeros meses de vida, con el universo ocurre algo similar: los eventos importantes ocurren durante los primeros minutos. Veremos cómo en el pasado del universo las primeras fracciones de segundo después de t0 están cargadas de sucesos transformativos que ocurren a gran velocidad y a medida que pasa el tiempo los procesos se demoran intervalos de tiempo cada vez más largos.

t0 + 1 microsegundo

En este momento el universo es un gas homogéneo muy caliente y denso, compuesto de partículas elementales y radiación (es decir luz). La temperatura es de diez billones de grados Kelvin. La escala de temperatura Kelvin mide la temperatura en referencia al cero absoluto (-273.15 grados Celsius). Excepto por partículas elementales, no hay átomos ni por supuesto moléculas o cualquier objeto material por sencillo que imaginemos. Las partículas elementales que encontramos al tiempo t0 + 1 microsegundo son los quarks, los gluones, los fotones (partículas de luz), los electrones y sus antipartículas los positrones.

Con tantas partículas y tantos nombres técnicos es hora de hacer un breve repaso de la física de partículas. Para construir todos los objetos materiales que conocemos en la naturaleza (el 4% del universo que no es materia oscura ni energía oscura), desde cromosomas y rocas hasta planetas y estrellas se necesita solo tres tipos de partículas elementales: los protones y neutrones que se encuentran en los núcleos atómicos y los electrones que deambulan aleatoriamente en torno al núcleo atómico dentro de regiones bien definidas de acuerdo a su energía. Los átomos normalmente son eléctricamente neutros. El átomo de carbono, por ejemplo, tiene seis protones y seis o más neutrones en su núcleo y se viste de seis electrones en capas que rodean al núcleo. Entonces, ¿de dónde salieron los quarks y los gluones? La respuesta la encontramos en el protón y el neutrón: estas no son partículas elementales propiamente dicho. Cada protón y cada neutrón está conformado por tres quarks y a su vez los quarks se mantienen confinados dentro del protón o neutrón por medio de los gluones, que son las partículas elementales portadoras de la fuerza nuclear fuerte. Para completar la exposición de las partículas debemos mencionar otra muy tímida y poco conocida, que se llama el neutrino. Esta interacciona con las otras partículas muy débilmente y se encuentran en abundancia por todo el espacio. En promedio cada centímetro cúbico del universo hoy contiene trescientos neutrinos.

El anterior párrafo ganaría el concurso de explicar la física de partículas usando el mínimo número posible de palabras. Desafortunadamente en el breve resumen quedó por fuera una componente que es de suma importancia para la cosmología. Se trata de las partículas de materia oscura que mencionamos en capítulos anteriores cuando vimos galaxias que para mantenerse agrupadas en cúmulos era necesario postular la existencia de masa no visible que provea la fuerza de gravedad necesaria. Pues bien, esas partículas de materia oscura –cuya naturaleza aún no hemos desvelado– estaban presentes en el universo desde las épocas más tempranas.

El espacio donde se encuentra esta sopa de partículas se está expandiendo continuamente como masa de pan en el horno. La expansión es continua y ocurre en todo lugar al mismo tiempo. Una manera como se manifiesta la expansión continua del espacio es que la distancia entre las partículas se dilata. Para seguir los pasos de la expansión del espacio vamos a imaginar una región esférica que se dilata en igual proporción a la expansión del espacio y a medida que transcurre el tiempo tomaremos nota de su tamaño y otras propiedades físicas del medio. Es una esfera que define una región imaginaria dentro de la cual encontramos en promedio las mismas condiciones físicas que en el resto del universo. Para comenzar vamos a fijar el tamaño de la esfera en tres micrómetros, es decir, del tamaño de una bacteria. La escala de tres micrómetros no tiene nada especial o mágico, es simplemente el tamaño de una región imaginaria arbitraria. Lo importante es que viendo cómo crece esa esfera en el tiempo nos damos una idea de la expansión del espacio.

t0 + 10 microsegundos: fin de la era de los quarks

La esfera imaginaria es ahora tan grande como una partícula de polen de diez micrómetros. En este momento los quarks se agrupan para formar los protones y neutrones. También se forman las respectivas antipartículas, el anti-protón y el anti-neutrón, en igual cantidad. Pocos microsegundos más tarde la mayoría de los anti-protones y anti-neutrones se aniquilan con sus respectivos compañeros los protones y los neutrones. No toda la materia termina aniquilándose de esta forma. De manera sorprendente, por cada 1000 millones de protones sobrevivió un protón gracias a una pequeña asimetría existente en ese tipo de reacciones. De no ser por esa asimetría no quedaría materia para formar ni átomos, ni planetas, ni estrellas.

t0 + 1 segundo: los neutrinos viajan libremente

El espacio sigue en expansión y como consecuencia la temperatura del medio se reduce. Nuestra bolita inicialmente del tamaño de una bacteria tiene ahora un tamaño de un milímetro, comparable a la esferita en la punta de una mina de estilógrafo. La densidad de materia es de un gramo por centímetro cúbico, igual que la densidad del agua. La densidad de radiación es de una tonelada por centímetro cúbico.

La temperatura es de 10 000 millones de grados Kelvin. Debido a la alta temperatura los protones y electrones no pueden formar átomos. Si se llegara a formar un átomo a esta temperatura encontraríamos que se desbarata inmediatamente debido al choque con otras partículas y con la luz. De hecho, la luz bajo estas circunstancias de muy alta energía se comporta como una partícula más. Las condiciones que encontramos durante esta época del universo son similares a las que se dan en el centro de una estrella muy masiva. La densidad de materia es de un gramo por centímetro cúbico.

El universo en esa época es como el núcleo de una estrella que se extiende ilimitadamente por todo el espacio. Cuando el universo cumple un segundo de edad la densidad decrece al punto en el cual ya los neutrinos dejan de chocar con las otras partículas del gas y pueden ahora viajar libremente. Una de las reacciones que producían los neutrinos es la conversión de protones en neutrones. Con el desacople de los neutrinos, la fracción de neutrones a protones queda congelada a partir de este momento: por cada seis protones existe un neutrón.

t0 + 10 segundos: aniquilación del electrón con su anti-partícula

Nuestra esfera imaginaria es ahora del tamaño de una lenteja y su composición es muy extraña, dentro de esta región encontramos doscientos gramos en electrones, doscientos gramos en positrones, doscientos gramos de luz y diez miligramos de protones. Nótese que encontramos igual cantidad de electrones y positrones. Justo antes de los diez segundos la temperatura era de 10 000 grados Kelvin, lo cual era suficientemente alta para que en la sopa primordial se formen continuamente pares electrón-positrón. La energía se comparte en iguales proporciones entre los electrones, los positrones y los fotones. A los diez segundos la temperatura desciende a 1 000 millones de grados Kelvin y se cruza un umbral a partir del cual no hay suficiente energía para crear nuevos pares electrón positrón. Los pares electrón positrón existentes hasta ese momento se aniquilan, excepto por un pequeño residuo de electrones que quedan debido a la mencionada asimetría.

t0 + 1 minuto: comienzo de la núcleo síntesis

Algo extraordinario comienza a ocurrir cuando el universo cumple un minuto de edad. La esfera imaginaria ha crecido al tamaño de un garbanzo y –provocado por la expansión– la temperatura continúa bajando. Tenemos que esperar un minuto para que la temperatura descienda a 1000 millones de grados Kelvin. A esta temperatura ya se pueden formar los núcleos atómicos más sencillos, es decir, los núcleos del hidrógeno, del deuterio y del helio. A temperatura más alta los choques entre protones eran muy violentos y no permitían que se unieran para formar núcleos. El núcleo atómico del hidrógeno está conformado por un solo protón, por lo tanto, no hay que formar estos núcleos; ya existían desde el momento en que se formaron los protones. El núcleo de deuterio es simplemente la unión de un protón y un neutrón. El deuterio sigue siendo hidrógeno, solo que la presencia del neutrón lo hace más pesado. Los elementos con exceso de neutrones en el núcleo se llaman isótopos. Todo el deuterio que se encuentra en el universo fue formado en los primeros minutos del Big Bang. Cuando usted toma un vaso de agua, en el agua se encuentran unos pocos átomos de deuterio, todos ellos generados durante los primeros cinco minutos del Big Bang.

La materia prima para formar núcleos atómicos son los protones y los neutrones y el hecho de que hay más protones que neutrones determina la cantidad de elementos químicos ligeros que se pueden fabricar en esta época del universo. Recordemos que al tiempo t0 + 1 segundo las reacciones de los neutrinos con las otras partículas prácticamente cesan y como consecuencia la abundancia relativa de los neutrones a protones queda fijada en un neutrón por cada seis protones. Los neutrones son ligeramente más masivos que los protones y cuando se encuentran libres se pueden convertir en protones. Durante el tiempo transcurrido desde ese primer segundo a t0 + 1 minuto algunos de los neutrones se han convertido a protones de tal forma que cuando comienzan a formarse los núcleos atómicos por cada neutrón encontramos siete protones. En estas condiciones la cantidad de núcleos de helio que se pueden formar está limitada: como el núcleo de helio está compuesto por dos neutrones y dos protones, entonces por cada núcleo de helio que se forma quedan doce de hidrógeno. La anterior proporción traducida en términos de la masa de los núcleos atómicos indica que la composición del universo a partir de los primeros minutos era de un 25% helio y 75% hidrógeno. También se formaron los isótopos helio-3, deuterio y litio –el siguiente elemento en la tabla periódica– en minúsculas proporciones.

t0 + 30 minutos: fin de la núcleo síntesis

Se cierra la fábrica de producción de núcleos. La temperatura y densidad ya es demasiado baja para provocar las reacciones nucleares que forman elementos químicos más pesados. A partir de este momento el universo tiene la composición química primordial de 75% hidrógeno, 25% helio, 0.001% deuterio y helio-3, y 0.00000001% litio. Toda esta materia atómica terminó dispersándose por todo el espacio y apenas el 9% se usó para formar estrellas.

Ya desde los primeros años de la década de 1920 los astrónomos se habían dado cuenta que por donde quiera que miremos la composición química del universo en promedio es 75% hidrógeno y 25% helio. Las condiciones del universo durante los primeros minutos de existencia explican este hecho empírico.

Los acontecimientos nucleares que hemos encontrado en los primeros minutos del universo dan cuenta de la materia en forma de átomos. ¿Y qué pasa con la materia oscura? La materia oscura no afecta en mucho los procesos nucleares que se dieron durante esa etapa del universo primigenio. Sin embargo, no perdamos de vista el hecho de que el 83% de toda la materia presente en el universo, es materia oscura.

t0 + 57 000 años: dominación de la materia

Les advertí que en la historia del universo los eventos importantes ocurren cada vez más distanciados en el tiempo. Así es que saltamos de pocos minutos a 57 000 años. Pues bien, ¿qué paso durante todo este tiempo? La verdad es que durante esos años la historia es muy aburridora: el universo –lleno de materia oscura, fotones, electrones, núcleos de helio y de hidrógeno– simplemente se expande y se enfría. Eso es todo.

Nos detenemos en el tiempo t0 + 57 000 años porque es en este momento cuando, en términos de densidad de energía, la materia comienza a ganar la partida. Consideremos la esfera imaginaria que nos ha acompañado durante la expansión; en este momento es una bola inmensa de un kilómetro de radio. La energía contenida dentro de la bola se reparte por igual entre la luz y la materia. Antes de este tiempo era la luz la que contenía más energía que la materia y de ahora en adelante, y de manera cada vez más pronunciada, es la materia la que contiene mayor densidad de energía.

Las consecuencias de este cambio en el balance energético son de carácter fundamental porque desde ese momento el medio deja de ser completamente uniforme y gracias a la fuerza de gravedad se comienzan a formar agrupaciones de materia oscura. Lentamente surgen regiones donde la materia oscura se acumula en nubes más densas que el resto del medio. Mientras tanto la materia ordinaria, es decir, los protones, los núcleos de helio y los electrones participan en oscilaciones acústicas en torno a las regiones de sobre densidad creadas por la materia oscura. Sí, sonido, ondas de presión como se dan en el tubo de un órgano de iglesia, excepto que aquí las ondas de presión se propagan en el plasma primordial. Este concepto nos da licencia poética para hablar de la música del universo, ese sonido cósmico y primordial que constituye las semillas a partir de las cuales se genera la estructura del universo con sus galaxias, sus cúmulos de galaxias y estructuras mayores. A los lectores entonados con energías y vibraciones del cosmos les será muy placentero enterarse que el universo primigenio estaba bañado en música.

Las oscilaciones acústicas del plasma primordial dejan una huella en la radiación debido a que los protones y electrones comparten el mismo estado termodinámico. En términos más prosaicos podemos describir el plasma primordial en esa época del universo como una sopa de partículas (electrones, fotones, protones y neutrones) a muy alta temperatura donde todas ellas participan de choques violentos por igual. Lo más interesante de la historia es que las marcas de las oscilaciones acústicas fueron observadas en el año 2000 en sondeos del fondo cósmico de microondas realizadas por el proyecto Boomerang con globos atmosféricos desde la Antártida y más tarde por la sonda WMAP de la NASA. La señal recogida por las antenas de microondas montadas en esos aparatos se suele representar sobre un mapa a colores de acuerdo a la intensidad de la señal. En estos mapas las huellas dejadas por las ondas acústicas aparecen como manchas que representan pequeñas variaciones de la temperatura relativo a su valor promedio. En promedio el tamaño de las manchas sobre la esfera celeste es de 0,6 grados, tal como lo predice la teoría del Big Bang.

Como si fuera poco, así como las huellas de las oscilaciones acústicas quedan impresas en el fondo de radiación, las oscilaciones también deben dejar marcas a una escala característica en la distribución de galaxias a grande escala. Pues bien, los mapas de la distribución de galaxias realizados por el proyecto del Muestreo Digital Sloan o SDSS detectaron las huellas. Se observó que las galaxias no se encuentran dispersas por el espacio de forma totalmente aleatoria y que tienden a agruparse en regiones de un tamaño promedio de 460 millones de años luz consistente con las predicciones del Big Bang.

La consistencia de la teoría del Big Bang es admirable. Con las oscilaciones acústicas del plasma primordial tenemos aquí un principio físico bien entendido sobre el cual reposan dos predicciones específicas: la escala observable en las agrupaciones de galaxias (460 millones de años luz) y la escala angular en las manchas de los mapas de la radiación cósmica de fondo (0,6 grados). El hecho de que las dos predicciones han sido observadas le da un importante refuerzo estructural a la teoría del Big Bang sobre el origen del universo.

t0 + 380 000 años: la luz viaja libremente

La esfera imaginaria sigue creciendo y después de 380 000 años es tan grande que a lo largo de su diámetro caben veinte cuadras de una ciudad. La temperatura ha descendido a 3000 grados Kelvin y la densidad a 250 protones y electrones por centímetro cúbico. Una transición de singular importancia ocurre en este momento: el medio que era difuso para la luz es ahora transparente. Es similar a lo que ocurre cuando estamos sumergidos dentro de neblina espesa y de repente la niebla desaparece y se despeja la visión.

En el caso del universo, la luz no se puede propagar libremente porque encuentra muchos electrones libres con los que se dispersa. A los 380 000 años los núcleos atómicos del helio y del hidrógeno comienzan a capturar esos electrones libres para convertirse en átomos neutros y al mismo tiempo liberando la luz. A partir de ese momento la luz viaja libremente por todo el espacio y forma un fondo de radiación. La luz –que es radiación electromagnética– lentamente se convierte en radiación de microondas a medida que el espacio se expande.

Uno de los pilares más sólidos de la teoría del Big Bang es la predicción hecha en 1948 por Ralph A. Alpher y Robert Herman y la observación en 1964 del fondo de microondas. La señal fue observada por primera vez en 1964 por los radio astrónomos Arno Penzias y Robert Wilson y luego por cientos de proyectos incluyendo sondas espaciales como la del COBE y la WMAP de la NASA.

Un segundo fenómeno que se produce cuando los electrones dejan de ser partículas libres y son capturados en las órbitas de átomos, consiste en que la materia ordinaria ahora comienza a colapsar en las regiones donde la materia oscura se había acumulado. La presencia de materia oscura ayuda a amplificar el contraste entre nubes cada vez más densas y el medio cada vez más disperso. ¿Se imaginan ustedes cuál sería la suerte del universo si la materia no hubiera sido impulsada a formar nubes densas? Tendríamos que terminar la historia en este punto. No tendríamos ni galaxias, ni estrellas, ni planetas, ni mucho menos lectores como usted.

t0 + 200 millones de años: las primeras estrellas

La época que transcurre desde el momento cuando la luz se desprende del plasma primordial hasta la aparición de las primeras estrellas está caracterizada por una total oscuridad. Un pobre astrónomo de la época no tendría nada que hacer, no existían objetos astronómicos que brillan en el cielo. Tenemos que esperar doscientos millones de años para que esas nubes de gas de materia primordial colapsen gravitacionalmente en centros de alta densidad donde se puedan encender las reacciones nucleares. Las primeras estrellas nacen de esas nubes primordiales de hidrógeno y helio que se contraen por la acción de la gravedad.

Las primeras estrellas son masivas y queman su combustible nuclear rápidamente. En su centro el hidrógeno y el helio se fusionan creando elementos químicos más pesados, desde el carbono hasta el hierro. Estas reacciones nucleares ocurren en capas. El hierro es el último material que se puede formar por fusión nuclear en una estrella y queda concentrado en el centro de la estrella. Cuando se agota todo el material fusionable se apaga el horno termonuclear y cesa la presión producida por las reacciones nucleares. Como no hay presión se pierde el balance entre gravedad y presión, las capas exteriores de la estrella entonces caen y luego rebotan violentamente contra el núcleo central de hierro y salen expulsadas a gran velocidad por el espacio en un evento explosivo que los astrónomos llaman supernova. Son las explosiones más grandes que hay en el universo después del Big Bang. Durante la explosión se producen reacciones nucleares que generan elementos más pesados que el hierro, como el oro y el uranio. Como resultado de la explosión los elementos químicos producidos en la estrella son expulsados hacia el medio interestelar donde nuevas generaciones de estrellas surgirán.

El Sol, por ejemplo, se formó por el colapso de una nube enriquecida de elementos pesados producidos por generaciones anteriores de estrellas. En conclusión, todos los átomos que tenemos en nuestro cuerpo fueron formados en el Big Bang o en el centro de una estrella lejana. Posiblemente por esa íntima conexión con lo cósmico la mirada al cielo profundo de la noche nos maravilla y nos llena de inspiración.

t0 + 1000 millones de años: las primeras galaxias

Las nuevas estrellas tienden a formarse en regiones donde encuentran estrellas vecinas. A su vez la vecindad natural tiende a evolucionar en sistemas de estrellas agrupadas por la fuerza de gravedad del grupo. Así surgen las primeras galaxias. Por su forma irregular, su pequeñez y los choques e interacciones entre sus vecinas, las primeras galaxias son difícil presa para el astrónomo moderno. A pesar de ello ya la tecnología de telescopios espaciales con cámaras sensibles al infrarrojo comienzan a capturar las primeras fotos de estos intrigantes objetos.

t0 + 7000 millones de años: comienza la aceleración de la expansión

El espacio donde flotan las galaxias se expande. Así lo observó Edwin Hubble en 1929 con el telescopio de Monte Wilson. Más recientemente, en 1998 los astrónomos Saul Perlmutter, Brian P. Schmidt y Adam G. Riess –Premio Nobel 2011– descubrieron que la expansión se acelera. La aceleración comenzó a manifestarse cuando el universo cumplía los 7000 millones de años de edad y fue observada gracias a la explosión de estrellas de tipo supernova "Ia" (número romano "1" seguido de la letra "a") que se encuentran a grandes distancias de nosotros y su intenso brillo las hace visibles.

t0 + 9100 millones de años: el Sistema Solar

En el universo visible encontramos 100 000 millones de galaxias. Cada una un mundo aparte lleno de dinamismo donde continuamente nacen nuevas estrellas en medio del gas interestelar enriquecido con el material dejado por generaciones pasadas de estrellas. En las regiones de mayor densidad de gas la gravedad empuja la masa hacia el centro de la nube. Con el tiempo más materia se acumula en la nube produciendo un núcleo denso donde sube la temperatura hasta el punto de producir reacciones nucleares. Así se forma un reactor nuclear en forma de bola flotando en el espacio, es decir, una estrella. El Sol, nuestra estrella central se formó hace 4 600 millones de años en el tiempo t0 + 9100 millones de años. En ese momento la esfera imaginaria es del tamaño de la isla de Irlanda. Casi al mismo tiempo se formaron la Tierra y los otros planetas a partir de los residuos de la nube que formó el sol y que queda como un disco dando vueltas alrededor del Sol.

t0 + 10 000 millones de años: la vida

El registro de fósiles indica que la vida surgió en nuestro planeta hace 3500 a 4000 millones de años.

El origen de la vida es un tema científico de inmenso interés e intensa actividad entre científicos especializados. Aún no contamos con una teoría completa sobre el origen de la vida, sin embargo, se han logrado avances significativos en explicar varios de los procesos que hacen posible el surgimiento y el mantenimiento de la vida en el ambiente prebiótico que reinaba en nuestro planeta hace 4 000 millones de años.

Con el origen de la vida los científicos están de frente a un reto formidable ya que tienen que explicar cómo, a partir de una sopa de sustancias químicas inertes, surgieron los primeros organismos capaces de crecer, autoreplicarse y adaptarse a condiciones ambientales adversas. Para hacer énfasis en la magnitud del reto vale la pena anotar que un organismo vivo, por elemental que sea, es infinitamente más complejo que los objetos astronómicos visitados en los capítulos anteriores. Una célula es inmensamente más compleja que una estrella. Mientras que una estrella es una simple bola de gas a alta temperatura, una célula está compuesta de muchísimas partes que participan de diversos tipos de interacciones químicas, todo esto dando origen a un sistema supremamente complejo y, por lo tanto, difícil de estudiar. Mientras que en el núcleo de una estrella encontramos simples partículas elementales y núcleos atómicos participando en continuos choques y reacciones nucleares, en el interior de la célula se dan procesos químicos bastante elaborados entre los millones de macromoléculas presentes. Las reacciones nucleares, por ejemplo, cuando un núcleo de hidrógeno (un protón) se une a un neutrón para formar un núcleo de deuterio, son relativamente sencillas. Muy distinto es lo que ocurre con las reacciones químicas que se dan entre las partes de una proteína o entre las moléculas de un ácido nucleico.

Como lo sugiere el preámbulo, el lector seguramente se está dando cuenta que con el origen de la vida estamos entrando a un tema que no está tan firmemente establecido como lo está el tema del origen del universo. Sí, suena paradójico que la cosmología esté más avanzada que la abiogénesis, sin embargo, esta realidad es consecuencia de que las partículas y los procesos nucleares son más sencillos que la complejidad de las macromoléculas y la química orgánica subyacente en los procesos de la vida.

Para entender los razonamientos más plausibles que explican el origen de la vida es preciso examinar las condiciones presentes en nuestro planeta hace 4000 millones de años. La vida es química y los ingredientes para formar las moléculas necesarias para la vida se encontraban todos flotando en la nube de gas y polvo interestelar donde se formó nuestro Sistema Solar. En el pasado del universo cuando la materia era un gas de partículas a altas temperaturas no se daban procesos químicos porque la temperatura era muy alta y como la temperatura es simplemente una medida de la energía de movimiento de las partículas, ese movimiento impedía que se mantuvieran los enlaces químicos. Tenemos que esperar a que la temperatura descienda para poder formar moléculas. Una vez que se forman moléculas pueden aparecer sistemas moleculares complejos a partir de los elementos químicos más sencillos.

En el cielo de los astrónomos existen unos objetos, menos populares que los cuásares o los agujeros negros, pero igual de reales que aquellos. Se trata de las nubes moleculares. Estas son inmensas regiones llenas de gas molecular que pueden contener una vasta cantidad de materia equivalente a un millón de soles. En esas nubes se encuentran más de 140 compuestos químicos, es como un viaje a la farmacia: ácido cianhídrico, amoniaco, etanol, formaldehido, formamida, metanol, metilamina, dióxido de azufre y agua son algunos ejemplos. Todos estos compuestos –revelados por sus líneas de emisión características observadas por potentes radiotelescopios– están fabricados en su mayoría de los átomos más ligeros que se encuentran en gran abundancia en el espacio interestelar como el hidrógeno, el carbono, el nitrógeno, el oxígeno y el sodio. Excepto por el hidrógeno, todos esos átomos, recordemos que fueron producidos en los núcleos de las estrellas. Uno de ellos, el carbono, merece especial mención dada su importancia para la vida. El átomo de carbono es sumamente versátil en la formación de moléculas complejas. Las largas tiras anilladas que forman el andamiaje del ácido desoxirribonucleico (o ADN, que es la macromolécula de la vida) están hechas primordialmente de átomos de carbono. Este átomo es tan importante que parte a la química en dos: química orgánica dedicada al carbono y sus compuestos e inorgánica para el resto de los elementos. En resumen, nos damos cuenta que la nebulosa donde se formó el Sol y los planetas está repleta de sustancias químicas orgánicas. Por donde quiera que observamos encontramos las moléculas que sirven de bloques de construcción para las macromoléculas de la vida. La sonda planetaria Cassini encontró oxígeno y dióxido de carbono en la luna Rhea de Saturno y en la luna Titán se encontró todo un océano subterráneo de hidrocarburos. En 1969 cayó en la Tierra un meteorito de más de 100 kg cerca de Murchison en Australia. El análisis del meteorito de Murchison reveló que estaba lleno de lípidos y aminoácidos que fueron fabricados en algún sitio remoto del espacio interplanetario.

El Sol y los planetas se formaron en una de estas nubes llenas de compuestos orgánicos. La Tierra sin duda albergaba por millones de años una buena cantidad de compuestos orgánicos, puede ser como producto de la materia prima con la que se formó o portados por meteoritos ricos en moléculas orgánicas que cayeron en su superficie. Vale la pena anotar que los planetas en otros sistemas solares tienen un origen similar y de igual manera tienen acceso a los ingredientes de la vida, por lo tanto, no hay bases para concluir que la Tierra es el único planeta que alberga la vida: la vida es un proceso natural, posiblemente no somos los únicos seres vivos en este universo.

Todo ser viviente está compuesto de células en cuyo interior se encuentran miles de millones de moléculas interactuando químicamente para permitir su crecimiento, reproducción y adaptación al ambiente. Las macromoléculas en el interior de las células y las funciones que ejecutan conforman un mecanismo sumamente complejo, aunque esa estructura molecular se basa en unos bloques de construcción relativamente sencillos: las moléculas de carbono en combinación con átomos de hidrógeno, nitrógeno, oxígeno y fósforo primordialmente. La abiogénesis es un proceso químico que en la Tierra comenzó hace 3 500 a 4 000 millones de años con las interacciones espontáneas de moléculas orgánicas en sitios del planeta donde encuentran el ambiente propicio para generar una cadena de reacciones químicas tendientes a formar moléculas cada vez más complejas llegando a los aminoácidos y los nucleótidos necesarios para el surgimiento de protoorganismos autoreplicantes y de los primeros organismos unicelulares.

Un vistazo a la química de los lípidos nos ilustra de manera muy clara cómo pueden surgir estructuras moleculares complejas a partir de elementos simples. Los lípidos son unas moléculas orgánicas alargadas que tienen la interesante propiedad de repeler el agua únicamente por uno de sus extremos. Esto quiere decir que si tiramos al agua una manotada de lípidos, estos tienden naturalmente a agruparse y a ordenarse en capas de tal forma que los extremos hidrofóbicos (literalmente que odian el agua) aparecen todos mirando hacia arriba fuera del agua. Este fenómeno es parecido a lo que ocurre con una gota de aceite que tiramos al agua. Cuando disponemos dos imanes uno junto al otro orientados con sus polaridades en la misma dirección observamos que estos tienden a realinearse de tal forma que sus extremos quedan tocando el polo opuesto del imán vecino. Tanto la tendencia del imán como la de los lípidos de organizarse espontáneamente responde a un principio elemental de la naturaleza consistente en que los sistemas tienden a reposar en un estado donde se economiza energía. En experimentos de laboratorio, trabajando con lípidos puestos en agua, se ha demostrado el ensamblaje espontáneo de pequeñas esferas formadas por una membrana de lípidos. Impulsados por esa tendencia a rechazar el contacto con el agua de uno de sus extremos, un grupo de lípidos encuentran una configuración energéticamente favorable al agruparse en una estructura esférica con todos los extremos hidrofóbicos hacia afuera. Pues bien, aquí tenemos la formación espontánea de la membrana de una célula.

Contar con un mecanismo para generar la membrana de la célula es esencial. Una membrana permite diferenciar entre un interior protegido y un exterior. Sin embargo, para ensamblar una célula es necesario, además de la membrana, tener los aminoácidos y las proteínas que soporten de alguna forma los mecanismos genéticos y metabólicos de la vida. Se piensa que alguna forma primitiva de ácido ribonucleico (o ARN) estuvo presente en las primeras formaciones autoreplicantes. El ARN, que es una macromolécula formada por una cadena de moléculas más sencillas, es de vital importancia (literalmente) por su función de mensajero del código genético y su papel en la síntesis de proteínas necesarias para su desarrollo.

Ensamblar una molécula deaneta que ofrecen una gama infinita de condiciones ambientales –océanos, lagos, volcanes, fumarolas hid ARN requiere formar una cadena compuesta de nucleótidos, cada uno de estos a su vez formado por una secuencia de un azúcar, un grupo fosfato y cuatro posibles bases. En términos más sencillos estamos hablando de una tira de moléculas conformadas por un andamiaje hecho de anillos de carbono con la adición de algunos átomos de nitrógeno, hidrógeno, oxígeno y fósforo. Esta cadena no se puede ensamblar en medio del océano, es posible que las superficies de las rocas o la arcilla que se encuentra en las orillas hayan servido de apoyo para formar esas primeras cadenas. Las cuatro bases presentes en el ARN se pueden ordenar en secuencias de muchas maneras. Esa secuencia es justamente la manera como las células almacenan el código genético que controla la información para sintetizar proteínas y para replicarse pasando los rasgos de generación en generación. Experimentos realizados en condiciones controladas para simular un posible ambiente de la Tierra primitiva demostraron que cadenas largas de aminoácidos se pueden auto ensamblar en las paredes de arcilla que sirve de estructura molecular. Los átomos de la arcilla se arreglan en estructuras geométricas regulares. Otros experimentos –basados en el experimento clásico de 1953 de Harold Urey y Stanley Miller– han logrado sintetizar aminoácidos a partir de una mezcla emulativa de la atmósfera primitiva y consistente de metano, amoníaco, hidrógeno y vapor de agua sujeta a descargas eléctricas similares a las producidas por tormentas en la atmósfera terrestre.

Como vemos, tratando de recrear las condiciones en la Tierra de hace 4 000 millones de años se han podido generar membranas y macromoléculas esenciales para la vida. Ahora bien, la Tierra era un súper laboratorio químico repleto de sustancias orgánicas y de estímulos ambientales de todo tipo. Nos podemos imaginar la siguiente situación: supongamos que contamos con un inmenso almacén de productos químicos –con sucursales en el espacio interplanetario– que nos provee cantidades muy generosas de compuestos orgánicos incluyendo hidrocarburos, lípidos y aminoácidos; tenemos laboratorios en todos los puntos del planeta que ofrecen una gama infinita de condiciones ambientales –océanos, lagos, volcanes, fumarolas, hidrotermales, radiación ultravioleta solar, rayos cósmicos energéticos que producen mutaciones genéticas aleatorias, temperaturas y presiones extremas, tormentas eléctricas, choques de impacto de meteoritos... – y además contamos con 1 000 millones de años para repetir diferente tipo de experimentos químicos cada hora continuamente sin parar. En resumen, esas eran las condiciones en la Tierra cuando surgió la vida. Algunos experimentos generaron nuevas moléculas que por sí solas no pudieron subsistir, otros experimentos formaron moléculas más complejas que se ordenaron de tal forma que pudieron mantener las reacciones químicas que les permitía autoreplicarse. Una posible forma de vida primitiva bien podría ser una tira de arn protegida dentro de una membrana de lípidos. En un proceso de selección natural a nivel molecular encontramos que las moléculas complejas autoreplicantes tienden a subsistir y a evolucionar. Cada uno de estos pasos hacia moléculas más complejas puede tomar un millón de años o cien millones de años; no importa, la Tierra tuvo miles de millones de años a su disposición. La vida no surgió con una célula que saltó en un instante de una sopa de químicos. El proceso fue lento y gradual; las fuerzas de la supervivencia y la competencia por los recursos empujó a los procesos moleculares hacia el camino de la vida. Infortunadamente no contamos con un experimento contundente que haya generado un organismo vivo a partir de químicos inertes, sin embargo, el entendimiento que hemos ganado de la química de la vida y de las condiciones en la Tierra primitiva nos presenta un razonamiento plausible de la abiogénesis.

Una vez que surgen moléculas con capacidad de replicarse, entra en juego el proceso de mutaciones y de selección natural. De manera muy resumida podemos entender el proceso evolutivo como variaciones genéticas graduales que ocurren muy lentamente y que tienden a incrementar la eficacia biológica. Las variaciones genéticas se producen por mutaciones, es decir, cambios al azar en las secuencias de moléculas que forman el ADN. Los cambios moleculares que tienden a favorecer la supervivencia, naturalmente terminan siendo heredados por generaciones posteriores. El fenómeno adaptativo se manifiesta en la diversidad de las especies de acuerdo al nicho ambiental donde se desarrollan. A su vez, las mutaciones genéticas que sufren los organismos en respuesta a los retos del ambiente explican el surgimiento de organismos cada vez más complejos. De manera similar a la evolución a nivel molecular a la cual aludimos en párrafos anteriores, no es que un día un pez mutó a reptil; la mutación, la deriva genética y la selección natural son procesos que actúan gradual y lentamente. Es justamente la lentitud y el carácter gradual lo que explica que organismos complejos puedan salir de organismos menos complejos. Así, el proceso evolutivo se demora 3 000 millones de años para producir los primeros organismos multicelulares.

t0 + 13 200 (hace quinientos millones de años): período cámbrico

Nos estamos acercando al tiempo presente, por lo tanto, conviene expresar el tiempo en referencia al presente en vez del tiempo transcurrido desde t0. Para épocas del pasado relativamente cercanas al presente es natural decir "hace quinientos millones de años" en vez de "t0 + 13 200 años".

Pasados 3 000 millones de años desde que aparecieron los primeros organismos vivos en nuestro planeta, el panorama que observamos es completamente diferente hace quinientos millones de años. Durante el período cámbrico el planeta se llenó de vida, el proceso evolutivo sufrió una rápida explosión en diversidad, los océanos se llenaron de algas y animales complejos y la tierra seca comenzó a ser invadida por plantas primitivas que abrieron nuevas posibilidades evolutivas para los animales. Si pudiéramos viajar en el tiempo y hacer una visita a la Tierra durante esa época encontraríamos todo tipo de animales invertebrados complejos con patas, aletas, estómagos y ojos simples. Los océanos estaban llenos de algas, esponjas marinas, medusas, equinodermos, una gran variedad de moluscos y braquiópodos protegidos por valvas duras como almejas. Para finales del período cámbrico ya florecieron los artrópodos y los anélidos con gran eficiencia, por todo lado vemos insectos primitivos, lombrices y gusanos.

Hace 375 millones de años: Tiktaalik

Hace 375 millones de años nuestros antepasados remotos salieron del agua y comenzaron a poblar la superficie del planeta. En fósiles de esa época encontramos a un animal, el Tiktaalik, que es transicional entre pez y reptil. Este espécimen muestra la manera gradual como las aletas se convierten en extremidades. El Tiktaalik es el ancestro de los anfibios, los reptiles, los dinosaurios, los pájaros y los mamíferos. Los primeros reptiles se separaron en líneas evolutivas diferentes; una resultando en reptiles, dinosaurios y pájaros, la otra evolucionando a los mamíferos entre hace 200 y 250 millones de años.

Hace 65 millones de años: Chicxulub

Los dinosaurios ya llevaban recorriendo las planicies por 160 millones de años cuando de repente hace 65 millones de años el impacto de un inmenso asteroide de 10 kilómetros de radio causó una ola de extinción en masa que terminó con una gran cantidad de especies incluyendo a los dinosaurios. La época de la extinción en el cretácico terciario coincidió con el impacto de un asteroide en Chicxulub o "Pulga del diablo" en lengua maya, en la península de Yucatán.

La magnitud del impacto –equivalente a una bomba atómica con el poder de 1 000 millones de bombas de Hiroshima– provocó emanaciones de cantidades inmensas de gases que alteraron el balance climático. Los gases generan lluvia ácida y bloquean la luz solar. Ingredientes todos ellos para una catástrofe ecológica que terminó con la vida de los dinosaurios.

La evidencia del impacto se ha manifestado en múltiples observaciones y ha sido estudiada extensamente. En los trabajos de investigación sobre el impacto en Chicxulub se destacan los siguientes puntos: el reconocimiento del cráter de 180 kilómetros en Chicxculub, pero parcialmente sumergido en el golfo de México; la presencia de una concentración anormal de iridio y otros elementos del grupo del platino en la capa geológica del cretáceo terciario (el iridio no es un elemento común en la Tierra pero sí en asteroides y meteoritos); presencia de los productos del impacto que salen expelidos como balas a gran velocidad y que incluyen esférulas de vidrio, espinelas ricas en níquel y cuarzo chocado. La distribución geográfica de estos materiales expulsados por el impacto son consistentes con la localización del cráter principal.

Como es usual en el proceso científico, la hipótesis de impacto de un asteroide como causa de la extinción de los dinosaurios no es la única. La tesis alterna propone como causa de la extinción la emisión masiva de azufre y dióxido de carbono debida a un abrupto incremento en la actividad volcánica al final del cretáceo. Una reciente evaluación estratigráfica, micropaleontológica, petrológica y geoquímica de la distribución global de los sedimentos en la capa del final del cretáceo indican que la evidencia apunta firmemente a favor de la tesis de impacto.

Hace 60 millones de años

Hace alrededor de 60 a 80 millones de años un grupo de mamíferos conocidos como primates aparecen en el registro de fósiles encontrados. Estos mamíferos tenían manos y pies que podían agarrar, ojos dirigidos hacia el frente y cerebros más grandes y complejos. Los humanos pertenecen al orden de los primates.

Hace 7 millones de años: Bipedestación

La capacidad de nuestros antepasados, que se desarrolló hace siete millones de años, de andar sobre dos extremidades, conlleva profundas implicaciones evolutivas. Con las manos libres nuestros ancestros bípedos aumentaron la capacidad de recolectar alimentos y transportarlos a las hembras, a su vez aumentando la eficiencia en la producción de descendientes; también se dio la posibilidad de fabricar herramientas permitiendo el acceso a la caza y el consumo de carne y proteínas, lo cual causó el aumento de la masa cerebral. Todas estas actividades representan ventajas evolutivas.

Estudios genéticos han logrado establecer que los parientes más cercanos a nosotros son el chimpancé y el bonobo. Nuestro ancestro común se estima que debió aparecer hace siete millones de años. El linaje que nos lleva de la bipedestación al uso de herramientas no es perfectamente lineal, algunas ramas evolutivas no fueron más que callejones sin salida, no obstante la línea evolutiva que llega a Homo pasa por Ardi y por Lucy. Ardipithecus ramidus, apodada Ardi, es nuestro antepasado de hace 4,4 millones de años que recorría la selva con igual destreza ya sea subido a las ramas o caminando por la sabana. Nuestra distinguida pariente Lucy de hace 3,7 millones de años pertenecía a la especie Australopithecus aferensis y se caracterizaba por su figura esbelta, rostro con rasgos intermedios entre simio y humano, caninos reducidos y cerebro relativamente pequeño (un tercio del cerebro del humano moderno).

Hace 2, 7 millones de años: Homo

El uso de herramientas comenzando hace 2,5 millones de años marca una transición importante en el proceso evolutivo que coloca a nuestros antepasados más cercanos a los humanos modernos que a los simios que los antecedieron. Algunos estudiosos del origen del hombre han sugerido que el desarrollo y uso de herramientas es el evento en la historia que nos hace humanos. El hecho de que llevemos 2,5 millones de años usando herramientas también nos muestra cuán profundamente incrustada está la tecnología en la historia del humano. La aparición del género Homo ocurrió hace 2,5 a 2,6 millones de años con nuestros parientes más remotos, Homo habilis, caracterizados por el aumento en el tamaño del cráneo, la fabricación y el uso de herramientas de piedra y manifestaciones de conducta prosocial.

t0 + 13 700 millones de años: hoy

Aquí estamos de regreso al punto de partida. Nos encontramos reflexionando sobre el universo, su origen y el lugar que ocupamos. Han transcurrido 13 700 millones de años desde el comienzo cuando esa esfera imaginaria era del tamaño de una bacteria y ahora es del tamaño del planeta Tierra. Todos las regiones del espacio han crecido en igual proporción. ¿Qué tan grande es el universo? Cuando pensamos en el tamaño del universo inevitablemente tendemos a construir una imagen mental en la que el universo es un objeto, por ejemplo, una esfera como si fuera una naranja, que tiene un borde. Esa imagen mental nos resulta muy útil para pensar en los objetos que llenan nuestra experiencia sensorial en el espacio de tres dimensiones, infortunadamente es de poca ayuda cuando queremos describir el universo en su totalidad. No es que el concepto de "tamaño" o "radio" del universo no se pueda tratar formalmente en las matemáticas que manejan los cosmólogos. La mejor manera que he encontrado para explicar el concepto a mis alumnos, sin necesidad de las maniobras abstractas que manejan los cosmólogos, es que piensen en el universo como un océano ilimitado donde cada región es como una burbujita. A una edad del universo de t0 + 1 microsegundo cada burbujita es del tamaño de una bacteria. A medida que el tiempo transcurre cada burbuja aumenta de tamaño gradualmente y después de 13 700 millones de años cada burbuja es del tamaño de la Tierra. Nosotros los humanos nos encontramos en una de esas burbujas y cuando observamos el universo en cualquier dirección vemos las burbujas vecinas hasta una profundidad que está limitada por la distancia que puede viajar la luz en 13 700 millones de años que es la edad del universo. Esa región de máxima profundidad demarcada por lo que podemos observar se llama el horizonte visible. En otras palabras, nos encontramos en el centro de una grandísima esfera en el espacio que encierra todo lo que podemos observar. Hoy esa esfera tiene un radio de 46 000 millones de años luz (no 13 700 millones de años luz, recuerden que el universo está en expansión). No quiere decir esto que el universo termina en ese punto de mayor profundidad. El universo se extiende ilimitadamente en todas las direcciones y más allá del universo visible se encuentra más de lo mismo, más galaxias y cúmulos de galaxias.

t0

Bien, ¿y qué pasó al tiempo t0? El tiempo t0 es el momento donde se lanza el Big Bang, el mismísimo comienzo de todo. Para evitar meternos en argumentos que colindan la metafísica se ha comenzado este viaje a través del tiempo en el cómodo punto t0 + 1 microsegundo donde contamos con sólidas bases en física que ha pasado pruebas de laboratorio. Cómo se generó el Big Bang es un tema lícito de investigación científica y ya los teóricos reportan avances significativos. Abundan los modelos físicos, de los cuales brevemente examinaremos los modelos inflacionarios, sin embargo, es de vital importancia aclarar que esas investigaciones aún no cuentan con el soporte empírico que es necesario para afianzar una teoría científica. El tema es vigorosamente estudiado por cosmólogos de renombre que escriben libros comercialmente muy exitosos y con títulos muy llamativos pero que infortunadamente se convierten en una fuente de estrepitosa confusión para

estudiantes y para el público interesado en estos te-
mas. Frecuentemente me toca lidiar con estudiantes
confundidos con membranas en once dimensiones,
agujeros gusano, teorías de universos cíclicos y va-
cíos cuánticos. Es importante entonces trazar una
línea conceptual que separa el conocimiento científico sobre el origen del universo en dos campos:
por un lado encontramos teorías firmemente esta-
blecidas y avaladas por evidencia empírica, por otro
lado, están las ideas aún en formación, de carácter
especulativo y carentes de evidencia empírica. En
este libro nos hemos enfocado en el primer campo y
por conveniencia hemos colocado esa línea al tiempo t0 + 1 microsegundo.

Los modelos inflacionarios están a punto de pa-
sar del segundo campo al primero, por eso merece
gastarle unas palabras. El concepto que proponen
estos modelos consiste en postular la presencia de
un campo físico (así como el campo gravitacional o
el campo electromagnético) que, debido a las fluctuaciones cuánticas de la energía en el campo, en
cualquier momento y de manera espontánea puede
producir la expansión acelerada de todas las regiones del espacio. Siguiendo con la idea de la esfera
imaginaria: cada una de las burbujitas del tamaño
de una bacteria al tiempo t0 + 1 microsegundo es
producida por una fluctuación cuántica que fue am-

plificada por el mecanismo inflacionario propuesto en esos modelos. Lo más interesante es que los modelos inflacionarios hacen predicciones concretas que en estos momentos están al alcance de los experimentos. La Agencia Espacial Europea lanzó en el 2009 el satélite Planck para estudiar detalladamente la radiación cósmica de fondo dejada por el Big Bang (t0 + 380 000 años). Una de las mediciones que van a ser posibles con el proyecto Planck es la polarización de la radiación de fondo y los patrones que esta polarización pueda presentar. Los modelos inflacionarios hacen predicciones especificas sobre esos patrones y por esa razón, con los datos del Planck, se podrá verificar si la predicción es consistente con las observaciones.

Reflexión final

Hace cuatrocientos años Galileo Galilei abrió una ventana al universo que puso en marcha el desarrollo de la cosmología moderna y revolucionó la concepción que tenemos del mundo en que vivimos. Un aspecto básico de la manera como Galileo se aproxima al universo es el de basar los modelos del cosmos en observaciones astronómicas. Hoy contamos con una teoría científica del origen y evolución del universo basada en observaciones que entrelazan coherentemente diversos dominios de la física que abarcan desde las partículas sub-atómicas hasta los cúmulos de galaxias. Los objetos y las estructuras que observamos en el universo comenzaron a formase cuando este era joven y consistía básicamente en una sopa de partículas elementales a muy alta temperatura. A medida que el espacio se expandía y se enfriaba la materia en este medio comenzó a acumularse formando las primeras estrellas y galaxias. Este proceso evolucionó guiado por ondas acústicas, es decir, música. Telescopios dotados de tecnologías avanzadas y numerosas sondas espaciales han logrado recoger el eco de esa música primigenia y han logrado trazar un detallado mapa del universo que es consistente con la teoría del Big Bang. A pesar de la coherencia interna del modelo y de la evidencia empírica favorable, aun quedan problemas muy serios por resolver. No sabemos cuál es la naturaleza de la materia oscura ni hemos logrado detectar directamente esas partículas que constituyen el 24% del universo. Aun peor, la energía oscura responsable del 72% del universo es más misteriosa que la materia oscura y mucho menos sabemos sobre su naturaleza. No sabemos con certeza qué dio origen al Big Bang. No tenemos una teoría cuántica de la gravedad que se pueda aplicar a las primeras fracciones de historia del universo. Es posible que la teoría general de la relatividad que usamos para explicar cómo opera la gravedad no sea válida para escalas cosmológicas y como consecuencia los conceptos de materia oscura y energía oscura sean apenas una quimera.

En pocos párrafos hemos completado un extraordinario viaje en el espacio y en el tiempo donde se ha resumido el vasto conocimiento científico acumulado en los últimos cien años sobre el universo, su constitución y su origen. Vivimos en un momento histórico privilegiado porque el tema de la cosmología —elemento importante de las culturas desde el comienzo de la humanidad— por primera vez es una ciencia empírica. No nos deja de sorprender que el universo se puede entender y explicar racionalmente.